JN409297

채운재 시선 68

백 상 봉 民調詩集

공자 활을 쏘다

도서출판 채운재

마음 과녁을 다스리는 궁도(弓道)

우리는 표적을 과녁에 정하고 활을 쏜 다음 맞고 안 맞음을 두고 일희일비(一喜一悲) 하며 잘 맞히는 사람을 명궁(名弓)이라고 칭찬을 한다. 그러나 공자(孔子)는 아비는 아비의 과녁, 자식은 자식의 과녁에다 활을 쏘라고 하니 궁사(弓士)는 표적을 어디에 두어야 하는지 혼란스럽다.

과녁은 외부 사물을 목표로 하는 것이고 자신의 과녁은 내부의 마음을 목표로 하는 것으로 본다면, 지금까지의 대부분의 책들은 어떻게 하면 외부의 과녁에 적중을 잘 할 것인가 하는 궁술(弓術)을 중점적으로 다룬 반면, 이번에 출간되는 백상봉 시인의 민조시집『공자 활을 쏘다』는 내부의 과녁인 마음을 다스리는 궁도의 부분을 중점적으로 다룬 책이기에 국궁(國弓)의 새로운 분야를 접하는 계기가 될 것으로 생각한다.

도덕성이 사라져 가고 있는 물질문명의 전환기에서 활쏘기를 통한 심신의 수련과 도덕성의 회복은 전통 국궁문화 발전에도 기여 할 것임을 확신하며 개인의 궁도 수련에도 많은 도움이 되기를 바란다.

2016년 5월

서울시궁도협회 회장 손 철 현

나는 오랫동안 가지고 있던 "활이란 무엇인가"라는 단순한 질문에 대한 해답을 오천 년 전에 활을 쏘았던 노자와 공자의 생각을 빌어 찾으려고 한다.

옛날의 명인 선사들은 활을 쏜다는 것은 본질적으로 자신의 과녁을 세워 겨냥하며, 그 관에 적중 하는 것을 활쏘기의 목표로 삼았다. 독일의 오이겐 헤리겔도 활쏘기와 선이라는 책에서 활쏘기에 이르는 길은 마음이 순수하고 잡념이 없는 사람에게 열리는 것이며, 외적으로는 활과 화살, 인체에 연관되어 이루어지는 것이지만, 내적으로는 자기의 자신과 관계되는 것으로 활과 화살은 목표를 달성하기위한 도정이며 도약을 위한 보조물이라고 말하고 있다.

노자의 과녁(老貫)에 공자의 화살(孔矢)을 쏘다.

노자와 공자는 동시대의 인물로 추정되는 중국의 2대 성인으로 추앙을 받고 있으며, 공자의 논어나 노자의 도덕경은 지금도 많은 사람들에게 읽혀지는 고전 중의 고전이다.

노자는 유무상생과 무위자연을 주장하는 도가사상의 원류이며, 공자는 인간의 본성인 인의를 중시하는 유가사상의 원류인데, 두 사람이 활에 대해서 언급한 것을 보면 사상의 차이를 느낄 수 가 있다. 먼저 노자는 활을 두고 말하기를,

天之道 其猶張弓乎.
高者抑之 下者擧之 有餘者損之 不足者與之

하늘의 도는 활을 메우는 것과 같다. 위는 눌러주고 아래는 올려주며 남는 것을 덜어내고 모자라는 것에 보태어 준다. 이처럼 하늘의 도는 남는 것에서 덜어내어 부족한 것에 보태어 주지만, 인간의 도는 부족한 것에서 덜어내어 남는 것에 보태어준다고 하며 도에 관해서 설명을 한다.

반면 공자는 논어 팔일 편에서 말하기를,

君子無所爭必也 射乎揖讓而升下而飮 其爭也君子.

군자는 다툴 때가 없지만 활을 쏠 때는 어쩔 수가 없다. 읍양하고 올라가 활을 쏘고 내려와 술을 마시니 다투는 것이 군자다운 것이라 하고,

射不主皮 爲力不同科 古之道也.

활을 쏠 때 과녁을 주로 하지 않는 것은 사람마다 힘의 등급이 같지 않기 때문이며, 이것이 옛 사람들의 예도이다. 라고 말 한다. 또 중용에서는,

射 有似乎君子 失諸正鵠 反求諸其身.

활을 쏘는 것은 군자와 같다. 정곡을 맞히지 못하면 돌이켜서 그 원인을 자신에게서 구할 것이다. 이와 같이 공자는 인간에 중심을 두고 극기복례와 수기치인의 길을 배우고 익혀서 군자의 길로 들어가는 규범에 대해 말하고 있으며, 노자는 무위자연과 상덕부덕의 길을 깨달아 나를 버리는 것이 배움을 넘어서는 도의 길이라 말하고 있다. 따라서 노자의 도는 우리가 뚫어야 할 과녁이며 공자의 군자의 도는 할을 쏘는 사람이 배우고 익혀야 할 화살이 된다.

활은 쏘아도 쏘는 게 아니다.

먼저 쏜다는 말의 의미를 살펴보면 射라고 하는 것은 활이나 총으로 화살이나 탄알을 높이 날아가게 하는 것이라 했으니 엄밀히 따져 쏘는 주체는 활이나 銃砲이지 사람이 아닌 것이다. 사람은 활이나 총포가 화살이나 총알을 잘 쏠 수 있게 도

와주거나 다스리는 것이지 직접 화살이나 총알을 쏘는 것은 아니다. 따라서 옛 사람들은 화살을 발하거나 내는 것으로 생각을 했고 그 말은 지금도 發矢나 활 낸다는 말로 사용하고 있다.

잘 다스린다는 말은 활이나 총포가 따로 놀지 않고 사람의 몸과 마음과 같이 3위일체가 되어야 한다는 것인데, 이에는 두 가지 방법이 있다. 하나는 사람의 몸과 마음이 활이나 총포의 부품이 되는 것이며, 다른 하나는 활이나 총포가 사람의 신체의 일부분이 되는 것이다.

물론 사람이 총포의 부품이 되는 것은 불가능한 일이며 활이나 총포가 사람 신체의 일부분이 되는 것도 사이보그가 아닌 이상 불가능한 일이지만 신체의 일부분이 되지 않더라도 된 것과 다름없이 사람이 원하는 대로 작동을 하면 되는 것이다. 그러나 사람들은 무리한 힘과 생각으로 활이나 총포를 굴복시키려고만 생각을 할뿐 자신의 수족처럼 무의식적으로 움직이는 것을 생각하지 않는다.

활은 쏘아도 쓴 것이 아니라는 것을 알아차렸을 때 신묘한 이치를 깨닫게 되고 한 단계 높은 도의 경지를 경험하게 된다는 것이 선사들의 가르침이다. 작은 활 하나도 다스리지 못하면서 어찌 큰 것을 다스릴 수가 있겠는가.

활은 강한 힘으로 굴복시키는 대상이 아니라 다스리는 대상인 것이다. 이는 활이 적을 살상하는 무기에서 현대인의 정신수양과 체력 단련을 위한 스포츠로 변신한 현 시점에서는 더욱 필요한 마음가짐이다. 활을 잘 다스릴 줄 알아야 스스로를 다스리는 지혜를 얻을 수가 있다.

활쏘기는 다스릴 줄 아는 사람이 하는 것이다.

다스린다는 것은 국가나 사회 집안의 일을 보살피고 처리하는 것이며, 사물이 문란하지 않게 바로 잡는 것이며, 어지러운 것을 평정하는 것이다. 따라서 다스린다는 말은 우리의 생활전반에 널리 사용되는 말로서 병을 다스리고 학문을 다스리고 음률을 다스린다.

대학이라는 고전의 경문에 修身, 齊家, 治國, 平天下라는 구절이 나온다. 여기서 修, 齊, 治, 平,이라는 네 글자의 뜻이 모두 다스린다는 의미를 가지고 있어 자신을 다스려야 가정을 다스릴 수 있고, 가정을 다스릴 수 있어야 나라를 다스릴 수가 있으며, 나라를 다스릴 수가 있어야 천하를 다스릴 수가 있다는 말인데 이 말이 활을 쏘는 것과 너무나 잘 부합되는 말이다.

이를 修身, 齊弓, 治矢, 平的中,이라는 말로 바꾸어 보면 자신의 몸을 잘 다스려야 활을 다스릴 수가 있고, 활을 잘 다스려야 화살을 잘 다스릴 수가 있으며, 화살을 잘 다스려야 적중하는 것을 다스릴 수가 있다. 이는 활은 궁력을 헤아리고 화살은 활을 헤아리며 과녁은 화살을 헤아린다는 옛 사람들의 말과 한 치도 다름이 없다.

자신의 몸 관리를 잘 하지 못해 힘이 약하거나 자세가 바르지 못하면 활을 당길 수가 없을 뿐만 아니라 다룰 수가 없다. 활을 자유자제로 다룰 수 없는 사람은 화살의 가는 방향이나 거리를 조정할 수 없는 것은 당연하며, 화살을 조정 못하면 어찌 과녁에 맞고 안 맞고를 논할 수가 있겠는가. 활은 자기 몸과 마음을 다스릴 줄 알고 활과 화살을 다스릴 줄 아는 사람이 할 수 있는 것이다.

활은 기다릴 줄 아는 사람이 하는 것이다.

활을 내는 것은 다른 스포츠와 달리 기구를 구입했다고 해서 바로 할 수 있는 것이 아니다. 잘 못 다룰 경우 사람을 다치게 하거나 스스로가 다칠 수가 있고 기구가 파손 될 수가 있기 때문에 일정 시간을 배우며 기다릴 줄 알아야 한다.

먼저 활을 잡았을 경우 자세와 당기는 연습으로 궁력을 키워 사대에 나아가는 것을 기다려야 하고, 사대에 오른 다음은 겨냥과 당기기로 화살 내기를 기다려야 하고, 화살을 낸 다음에도 방향과 거리를 익혀 적중하는 것을 기다려야 한다. 적중을 하였다 할지라도 지속적인 자기수련을 계속하며 이치를 알 수 있게 기다리는 것이며 모든 것은 자기스스로가 깨달아 가는 것이다.

주위의 많은 사원들이 가르쳐주기는 하지만 사람마다 체형이 다르고 궁력이 다르고 정신 수양의 도가 다르기 때문에 가리킨다고 그대로 되는 것은 아니다. 상대와 다투거나 경쟁을 할 필요도 없으며 꿋꿋하게 자기가 갈 길을 외뿔 소처럼 혼자 가는 것이며, 목표에 도달 할 때 까지 기다리는 것이다. 따라서 활은 시와 때를 기다릴 줄 아는 사람이 하는 것이다.

활은 버릴 줄 아는 사람이 하는 것이다.

욕망은 생명의 본질이다 욕망이 없는 것은 죽은 것이나 다름이 없다. 그러나 그 욕망이 과하거나 옳지 못할 때는 문제를 일으키고 스스로를 망치게 하는 근원이 된다. 사람이 바르게 살아가는 방법은 과도한 욕심을 부리지 말고 집착으로부터 벗어나는 것과 같이 활을 내는 것도 과한 욕심으로 무리를 하거나 집착을 하는 것은 백해무익이라 좋은 성과를 얻기 보다는 몸을 다치게 되며 종래는 활을 쏠 수 없는 결과를 초래 하게 된다.

욕심은 경쟁을 유발하며 경쟁은 자기수양의 방해물이다. 공자는 다투지 않는 활쏘기를 군자와 같다하였는데 더 많이 적중하기를 바라고 남을 이기려고 다투고 무시하는 것은 기본도를 벗어난 것이다.

따라서 적중을 떠나서 자기를 돌아보고 몸과 마음을 바르게 하는 것을 게을리 하지 말아야 하며 그러기 위해서는 욕심이나 집착을 버릴 줄 알아야 하는 것이다.

활은 하늘 땅 기운으로 자신을 보내는 것이다.

정사론을 쓴 장언식은 그의 책에서 줌손은 활을 하늘을 향해 들어 올려 둥글게 만드니 前擧正圓(전거정원)이라하며 하늘 기운을 내려 받고, 깍짓손은 땅을 향해 시위를 끌어 각을 만드니 後擧執方(후거집방)이라하며 땅기운 올려 받는 다고 했다. 이는 활은 천기와 지기에 상응하는 힘을 가지는 것이며 우리 조상들이 말하던 天地人 삼신사상과 부합하는 것이다. 또 화살은 사람에 해당하니 자신을 시위에 걸어 과녁을 향해 날려 보내니 자기의 과녁에 자신을 쏘는 것이나 다름이 없다.

자기의 마음속에 자리를 잡은 참나 는 인의예지의 4단을 붙잡고 있다가 외부의 정보에 반응하여 시위를 놓는 것이 칠정으로 날아 나가는 것이다. 또 활을 당겼다 놓는 것은 인간의 욕심으로 끌어당긴 힘을 자연으로 되돌리려는 힘의 반작용이고 보면 어떤 생각을 가지고 행동하는 유위라 하는 것이 아무것도 하는 일이 없는 무위임을 알게 된다.

모든 행위의 끝자리에는 도가 있다. 거듭된 연습에서 얻어진 기교의 한계를 넘어 정신수양의 단계를 지나 상승기류를 타야만 진정한 고수가 되는 것임에도 불구하고 이를 외면하고 사람들은 잘 맞히는 기교에만 관심을 가지고 입으로만 도를 말하니 어찌 궁도의 앞길이 밝겠는가.

2015년 12월

제2부 | 노자의 과녁

제3부 | 공자의 화살

제4부 | 활쏘기 삼위 일체

제5부 | 한양골 편사놀이

제6부 ‖ 사의와 향음주의

제7부 ‖ 사정 유람

제1부

활이란 무엇인가

於阿歌(어아가)

한 빛살 내리꽂힌 밝달 뫼 아래
터 잡은 하늘 孫(손).
태양신 三足烏를 솟대에 앉혀
기려온 반만년.
하늘 뜻 이어받아 이름 떨치던
동방의 빛이여.

착한 맘 활이 되고 화살이 되어 지켜온 이 나라.
우는 살 높이 쏘아 명적울리니 솟아나는 기운.
펼쳐라 조상 은덕 하늘 끝 땅 끝 어아 어아 어아.

한 마음 한 뜻으로 당기는 활줄
거침이 없어라.
세계의 방방곡곡 우리의 과녁
신명나는 놀 터.
배달의 아들딸아 빛살 되어라
어아 어아 어아.

---

* 고구려 출전가(나라사랑 시)

제1부 활이란 무엇인가

1. 활이란 무엇인가.

한 때는 戰場에서 목숨을 걸고 나라를 지켰다.
최상의 병기라고 이름 높았던 우리나라 角弓.
이름만 듣고서도 벌벌벌 떨던 東夷의 힘이여.

생존을 위해서는 사냥을 하고 가족까지 지켜.
비밀의 제조방법 알아가려고 욕심내던 무기.
아직도 대를 이어 전해 내려온 東夷의 자존심.

총포에 내어준 힘 빛까지 잃어 이름까지 잃어.
스포츠 도구로서 명맥을 이어 쏘고 있는 궁사.
점수에 일희일비 판을 떠도는 한심한 閑良아.

신으로 모셔두고 축제를 여는 유럽의 나라들.
道로서 자리 잡고 修身을 하는 일본 사무라이.
빈 활만 붙잡고서 한탄만 하는 미련동이 사랑.

---

* 각궁 : 우리나라 전통활.
* 동이 : 우리민족의 조상.
* 한량 : 무과에 급제 못한 궁사.

활 -1

하늘의 기운 받아
땅을 다스린
東夷의 자존심.

天,人,地, 도를 세워 神市를 여는
환웅의 天符印.
하늘 땅 길을 닦아 활개를 치는
三足烏 양 나래.
햇살을 쏘아내며 활활활 타는
태양이 활이다.
악한 맘 다스리고 착한 맘 내는
사람이 활이다.

---

* 신시 : 신시 배달국.
* 삼족오 : 세발 가진 까마귀.
* 천부인 : 하늘이 내린 세 가지 보인.

활 -2

당겨서 내보내는
보살의 마음,
군자의 길잡이.

살리고 죽이는 건 弓矢의 마음
손안에 숨겼다.
독한 맘 다잡아서 병사가 쏘면
사람 잡는 무기.
어진 맘 베풀어서 군자가 쏘면
신선되는 도구.
군자가 되기 위해 공을 들여도
군자는 드물다.

---

* 궁시 : 활과 화살.

활 -3

합하면 하나 되고
나눠지면 셋
천, 인, 지, 삼성 궁.

인간의 욕심으로 휘어잡아서
뒤집어진 마음.
활, 살, 현, 나뉘어져 따로 있다면
힘없는 막대기.
세 개가 어우러져 힘을 합하면
벼락대신 곤봉.
몸과 맘 하나 되고 법도가 서면
깨우치는 활 길.

---

* 弦 : 시위

활 -4

손안에 있는 것을
보지 못하고
욕심내는 홍심.

한 때는 짐승들의 뒤를 밟아가
심장 겨눈 獵師.
한 때는 사람들의 가슴을 겨눠
명줄 끊은 弓手.
이제는 너나 나나 활줄을 당겨
제 가슴 겨누니.
앞 나도 뒤가 나도 관중을 해도
아픈 건 궁사 맘.

---

* 엽사 : 사냥꾼.
* 궁수 : 활 쏘는 병사.

살 -1

다스려 지는 만큼
제 갈길 가는
정직한 부림꾼.

화살이 가는 길이 내가 가는 길
산 넘고 물 건너.
언제나 그 자리는 과녁의 뒤편
내 맘속에 있다.
길이라 말을 해도 가는 이 없어
해만 지고 있어.
내일도 해가 뜬다 미련 갖지만
가버린 하 세월.

살 -2

자기의 마음 까지
실어 보낼 때,
화살의 첫 걸음.

솟대에 앉은 새는 새벽을 열어
세상 밝힌 햇살.
활비비 얻은 불씨 불빛을 뿜어
어둠 밝힌 빛살.
불빛은 햇살 되고 빛살이 되어
키워 내는 만물.
궁,법,신 기를 모아 나아가는 힘
막을 자 없어라.

---

* 弓,法,身(궁,법,신) : 활, 사법, 궁사.

살 -3

앞으로 나아갈 뿐
멈춤이 없어
一直한 살걸음.

주름살 문살, 창살, 나잇살 까지
통하는 말 뿌리.
뾰족한 솔 이파리 바느질한 실
모두 같은 조상.
하루도 살 없이는 살수가 없어
뼈도 살, 살도 살.
6방에 날려 보낸 살풀이 살막,
입살, 눈살, 보살.

살 -4

무엇을 쏘는 건지
어디 가는지
不仁한 활살도.

죽이고 살리는 것 맘대로 하는
창과 칼의 양날.
활 없는 화살이랑 살 없는 활채
쏠 수 없는 빈 활.
내 몸이 화살이고 활이 되려니
일시일명, 천금.
돈으로 살 수 있는 화살 이라고
함부로 쏘는가.

---

* 一矢一命 : 화살하나가 한 생명.
* 一矢千金 : 화살하나가 천금이다.

줄 -1

도와 술 경계에서
삼매에 드는
선나의 다르마

태양 神 아폴론이 가지고 노는
하늘나라 天道.
태양 孫 한민족이 나라 지키는
내려 받은 地道.
태양 빛 솟아나는 군자의 나라
밝혀주는 人道.
팽팽한 긴장 속에 중심을 잡아
깨우치는 法道.

---

* 선나 : 선
* 다르마 : 법
* 삼매 : 선정

줄 -2

당기는 욕심만큼
내주기 하는
군자의 평상심.

당겨서 가득 차면 만작이 되어
가득 찬 보름 달.
쏘아서 보낸 빛살 가슴 조리는
초승달 그믐달.
평온한 모습으로 되돌아가는
상현달 하현달.
비우면 채워지는 우주의 순리
열강을 비춘다.

---

* 滿酌:가슴 가득 당기는 것.

줄 -3

잘 못된 길을 가면
회초리 드는
말 없는 훈장님.

활줄이 떠는 소리 퉁기는 소리
한 가닥 거문고.
빗당겨 노친 소리 아우성 소리
피멍이 맺힌다.
살처럼 날아가는 활줄 소리에
눈을 뜨는 심상.
지나간 다음에야 후회를 하는
무지렁이 욕심.

줄 -4

넘치고 모자란 것
바로 잡아서
지탱하는 심줄.

강하면 부러지고 약하면 휘어
조정하는 중심.
이기지 못하면서 부리는 만용
경계하는 법도.
높은 것 눌러주고 낮은 것 높여
유지하는 평형.
붙잡고 늘어져야 제 명을 사는
삼신할미 명줄.

2. 궁도란 무엇인가

부모가 쏘아 보낸 화살 촉 하나
명줄로 받으니.
내 몸이 화살이요 생명이 되어
일시 일명이다.
참나가 쏘아내는 바른길 따라
찾아가는 화살.

해, 달, 별, 생기기 전 이미 있었던
돌아가는 순리.
우주를 관리 하는 으뜸 되는 도
찾아낸 지름길.
후세에 전하는 게 궁사의 임무
군자는 덤이다.

궁 도

재주가 뛰어나서 잘 쏜다 한 들
철없는 원숭이.
技藝의 경지 까지 도달 했으나
제 속도 모른다.
언제쯤 나무에서 떨어질 런지
근심만 늘었네.

스스로 깨우쳐서 알아야 하는
道와 術의 차이.
활 속에 있는 것을 풀지 못하고
弓矢 탓만 하나.
언제쯤 빈 활 들고 과녁을 쏘아
맞힐 수 있을까.

궁 10도

자신을 겨냥해서 명중시키는 끊임없는 노력.
자기의 과녁 세워 목표로 하는 변치 않는 왕도.
내 몸이 화살이요 과녁이 되니 10도가 있도다.

사대에 바로서서 과녁을 보고 교감하는 1도.
줌손과 깍짓손을 밀고 당기어 만작하는 2도.
만작을 하고서도 다섯을 세어 지사하는 3도.
적중을 근심 않고 바르지 않음 근심하는 4도.

줌손을 들어 올려 하늘의 기운 내려 받는 5도.
깍짓손 깊이 끌어 대지의 기운 딛고서는 6도.
궁력을 배양하여 자기의 활을 제어하는 7도.

양팔의 힘을 빼고 움직임 없이 일직 하는 8도.
줌손과 깍지손이 서로 모르게 발사하는 9도.
자기를 반성하여 바른 마음을 지켜가는 10도.

도를 찾아서 -1

도라고 하는 것은 길과 같아서
없는 곳이 없다.
땅에도 바다에도 하늘 까지도
가는 길은 있다.
세상의 모든 일이 끝나는 곳에
나타나는 한 길.

그 길의 끝자락이 어디쯤 인지
알 수가 없구나.
저마다 길을 따라 가고 또 가도
멀어지는 등불.
길눈이 어두우면 가는 길 몰라
헤매는 손바닥.

도를 찾아서 -2

도라고 하는 것은 감으나 뜨나
보이지 않는 꿈.
모두가 지켜야 할 도덕이 되고
규칙이 되었다.
하늘 땅 넓다한들 품안에 안는
태초의 한 마디.

이름도 없는 것이 천지를 키운
온갖 것 어머니.
세상의 모든 것을 운행 해가는
음과 양의 순환.
있어도 없는 듯이 없어도 있는
무위자연 순리.

도를 찾아서 -3

도라고 하는 것은 마음 길 하나
가슴에 닦는 것.
나 없는 길도 법도 없는 것이니
나를 먼저 알아.
땅보다 하늘 보다 넓고 큰 길을
그 속에 담아라.

저마다 길 하나를 가슴에 안고
먼 길을 가는 이.
몸 따로 마음 따로 길을 나서면
사고 나기 十常.
내 몸과 내 마음이 둘이 아님을
명심해야 할 일.

도를 찾아서 -4

도의 뜻 넓고 넓어 지구촌 만물
오고가는 길목.
도의 뜻 심오하여 하늘 길 여는
로고스 다르마.
깨달은 사람만이 알 수 있지만
말로 설명 못해.

하늘엔 도가 되고 땅에는 법칙
그 속에 나 있어.
나뉘면 셋이지만 합하면 하나
변치 않는 진실.
억지로 끌고 가도 먹일 수 없는
생명의 甘露水.

3. 어떻게 쏠 것인가

몸과 맘 바로잡아 일가 이루면
나라 다스려,
천하를 얻는다.
(修身 齊家 治國 平天下)

몸과 맘 바로 잡아 활을 이루면
화살 다스려,
정곡을 얻는다.
(修身 齊弓 治矢 平正鵠)

학문을 이루거나 활을 쏘거나
가는 법은 같아.
대학의 8條目은 문사 가는 길
무사도 같은 길.
출발은 다르지만 그 길의 끝은
한 곳에 이른다.

제1단계 格物 : 사물의 이치를 탐구한다.

활 살펴 화살 살펴 과녁을 살펴
이치를 알아야.
어디로 가는 건지 얼마나 갈지
갈 길을 아는 법.

세상에 존재하는 모든 것들은
의미가 있었다.
부족한 인간들의 기준을 갖고
日可日否 할 뿐.

제2단계 致知 : 지식을 배워 지혜를 얻는다.

궁체는 어떠한지 궁력 어떤지
알아차린 궁사.
더할 것 버릴 것을 가릴 줄 알아
가다듬는 心身.

가르쳐 주는 것과 배우는 것은
같은 잠 다른 꿈.
배웠다 하드래도 깨우치는 건
하늘의 별따기.

제3단계 誠意:의지를 바로 세운다.

팔찌동 흉허복실 예의와 범절
맘에서 울어나.
스스로 가야할 길 목표를 정해
정진하는 행동.

마음이 넉넉하고 뜻이 발라도
至誠해야 感天.
하늘에 비는 것도 窮 즉 通이니
通해야 오래가.

---

* 팔찌동:사대에 서는 순서.
* 胸虛腹實:가슴을 비우고 배를 채운다.

제4단계 正心 : 마음을 바로 한다.

참 나가 무엇인지 인,의,예,지,신,
제대로 익히니.
언제나 어디서나 한결같은 맘
不動心, 平常心.

마음이 먼저 인지 몸이 먼전지
끝이 없는 다툼.
마음만 있다하고 몸이 없으면
하늘나라 귀신.

제5단계 修身:몸을 수련한다.

과녁을 마주보고 똑바로 서서
통관하는 자세.
스스로 돌아보고 알아차리는
自重하는 가짐.

누우면 몸이 되고 세워두면 맘
한 지붕 두 가족.
서로가 마주 보면 너라 하지만.
돌아서면 나다.

* 通貫:과녁과 통하다.

제6단계 齊弓:활을 다스린다.

자신의 힘에 맞게 선택하는 활
몸과 활이 하나.
마음이 가는대로 자유자재로
조절하는 弓力.

굽힐 줄 알아야 펼 줄도 안다,
뻰치는 용수철.
한발 짝 물러서야 더 멀리 뛴다,
개구리 뜀박질.

제7단계 治矢: 화살을 다스린다.

만작을 하고서도 참을 줄 알아
다스려진 화살.
넘는지 모자란 지, 앞인지 뒨지
끝까지 보는 눈.

굽은 것 펴여 내고 가지 치는 게
다스림 출발점.
그 속에 같이 살아 같아지는 게
다스림 도착점.

제8단계 平正鵠:홍심에 적중한다.

한곳에 몰입하여 크게 보는 눈
떠오르는 태양.
하나가 천금인양 아낄 줄 알아
決折하는 살판.

미미한 존재들은 많은 것 가져
들어내려 하나.
거대한 존재자는 가지지 않고
운용할 뿐이다.

---

* 결절:화살을 쏘는 것.
* 살판:활을 잘 쏘는 사람.

제9단계 入禪 : 과녁을 넘어선다.

활쏘기 선이란 게 궁극적으로
자신을 찾는 것.
끝없이 참구하는 방편이 되어
참 나를 아는 것.
자기의 과녁에다 화살을 쏘아
번뇌를 잡는다.

끝없이 살아나와 다시 덤비는
불가사리 고집.
누르고 다스려서 잠을 재우면
편안해 지는 법.
과녁과 활과 화살 그리고 내가
하나가 되었다.

군자의 길

옛 성인 책을 읽고 발자취 따라
걸어가는 한 길.
인간이 사람 되는 참 나의 자리
찾아가는 방편.
하늘이 입력해준 본성을 찾아
누리는 참 살이.

잘 빠진 화살 한 대 나를 붙잡고
웃고 있는 사이.
빗나간 화살들은 많은 사람을
아프게 하는 법.
사람의 몸과 말도 이와 같으니
쓰는 도가 있다.

궁사의 길

사례나 향사례는 제후와 군자
활쏘기 하는 場.
국가의 간성들을 양성해내는
수기치인의 길.
익히고 다듬어서 예를 지키며
살아가는 법도.

도라는 개념들은 빠져 버리고
기교만 남은 術.
지금은 유명무실 입으로 할뿐
행동하지 않아.
남이야 쏘든 말든 나만 잘 쏜다
착각하는 한량.

---

* 修己治人 : 자신을 바르게 해 사람을 다스린다.

활을 쏘는 이유

활쏘기 왜 하냐고 물어 봤더니
건강을 위해, 맞추기 위해서.

활줄을 잡아당겨 활을 낸다고
운동이 되나요.
단전에 숨 모우고 항문 조이니
나이 상관없네.
예의를 지키면서 다투지 않아
신선놀음이지.

내 명줄 이으려고 남 명줄 끊음
군자가 아니다.
자신의 심장에다 화살 쏘고도
아픈 줄을 몰라.

관을 세우다

활 쏘는 모든 사람 군자 아니다
군자가 되려, 활을 쏘는 거다.

제후는 활을 쏘아 적중을 하면
자리를 얻었다.
아비는 아비 관을 자식은 자식
자기 관을 세워.
쏘아서 적중해야 자기가 되고
지위를 얻는 법.

자신의 잘못됨을 스스로 살펴
고쳐가는 거지.
하늘에 구하거나 남에게 빌어
얻는 게 아니다.

4. 끝없는 궁도의 길

활살이 -1

궁도라 하는 것은 어렵지 않아
버릴 건 揀擇心.
맞았다 안 맞았다 마음 없으면
가는 길은 하나.
털끝의 차이에도 하늘 땅 처럼
멀어지는 間隙.

참 나를 찾으려면 옳다 그르다
분별하지 않아.
따름과 어긋남이 서로 다투면
그 것이 마음 병.
그 뜻을 모르는 이 도를 닦아도
부처 앞 공염불.

활살이 -2

큰 길은 넓고 넓어 막힘없는 것
서둘면 더디다.
남김도 모자람도 없는 그 자리
가질 것도 없어.
집착을 안 버리고 욕심 부리면
샛길로 빠진다.

말 많고 생각 많아 상응 못 하면
통하지 않는 법.
한 생각 다른 생각 결국은 하나
고집이 만든 것.
양다리 걸쳐놓고 따라 가다간
꼬리만 잡는다.

활살이 -3

한 알의 씨앗에도 정보가 있어
꽃은 피고 진다.
인간의 마음에도 본성이 있어
살아가는 거다.
고집과 욕심으로 굳어진 껍질
그 속에 있는 나.

감정과 五蘊으로 포장을 씌워
찾기가 어렵다.
큰 것과 작은 것은 끝이 없으니
보이지 않는 법.
있거나 없는 것은 눈앞의 허상
돌아서면 없다.

활살이 -4

인간은 천지일심 가진 소우주
하늘과 통해, 땅과도 통한다.
深想과 默想으로 통일된 마음
지감, 조식, 금촉.

止感(지감)
오감을 내버리면 육감을 얻어
발동한 무의식.
調息(조식)
호흡을 길게 하여 정제를 하면
펼쳐진 신세계.
禁促(금촉)
몸가짐 조신하여 욕심 없으면
가는 길 보인다.

채 움

하나를 배우다면 하나를 더해
늘어나는 지식.
열 개를 깨우치는 머리 좋은 이
이름을 날리네.
배울게 없어지면 가르친다고
껍죽껍죽 대다.
나잇살 들고나면 맘대로 안 돼
할 바를 모른다.

배운다 하는 것은 없는 것 하나
더하는 것이요.
도라고 하는 것은 가진 것 하나
비우는 것이다.
비법을 터득하여 채워야 만이
명궁이 되었다.
도법을 채득하여 비운 후에야
신궁이 되었다.

비 움

언어의 末亡속에 빠져 버리면
본래 모습 몰라.
누구나 이름 석 자 버리지 못해
我執 속에 산다,
유, 불, 선, 나름대로 도를 말해도
모두 허튼 소리.
자신의 과녁에다 활을 쏘고도
알지를 못하네.

물속에 조약돌을 깨뜨렸어도
그 속엔 물 없다.
세상엔 많고 많은 선법 있지만
통자는 드물어.
저마다 옳다하고 고집만 하니
멀어진 깨달음.
깨치고 돌아서면 바로 그 자리
앉아 있는 참 나.

正 己

몸뚱이 바로 세워 과녁을 보고
가슴에 안아라.
줌손을 거들어서 천기를 받아
가슴에 채워라.
깍짓손 끌어당겨 지기를 모아
단전에 보내라.
상하가 바로서고 앞뒤 바르니
흔들림이 없어.
눈 뜨나 눈 감으나 항상 그 자리
통하는 길이다.

정 기

잘 쏘고 못 쏘는 것 과녁에 두면
사람 잡는 무기.
맞았다 빗나갔다 마음에 두면
나를 찾는 거울.
맞는지 안 맞는지 묻지 않아도
스스로 아는 법.
내 몸이 바로서야 바르게 가지
갈래 많은 샛길.
욕심을 버려야만 길이 보이지
죽어 사는 큰길.

正心

가벼운 마음으로 사대에 서서
과녁과 통하라.
천기를 내려 받아 가슴 비우니
사라지는 망상.
지기를 끌어당겨 단전에 모아
내려놓는 욕심.
상하가 하나 되고 앞뒤도 하나
중심에 있는 나.
쏘아도 쏘는 것이 아니라는 걸
알아차린 순간.

줌손도 깍지손도 서로 모르게
날아가는 화살.

정 심

어진일 하는 자도 궁사와 같아
몸과 마음 발라.
욕심이 들어가면 마음 흐려져
육근이 발한다.
양심이 바로서면 마음 밝아져
쏘는 것도 몰라.
화살이 떠나가면 과녁 가기 전
느낌으로 알지.
모두가 바라보는 과녁이란 건
내 가슴 내 심장.

화살로 맞추어서 뚫어야 하는
과녁은 없구나.

버리는 마음

맞았다 안 맞았다 얼굴 붉히고
성질내는 맘, 들어내는 마음.
앞 난 살, 뒤 나는 살, 줌손 탓하는
어리석은 마음.
덜 갔다, 넘어갔다, 깍지 탓하는
분별없는 마음.

제 생각 옳다하고 목청 높이며 집착하는 마음.
남보다 잘 낫다고 힘자랑 하는 자만하는 마음.
누구를 이기겠다 열을 올리는 탐욕 하는 마음.

여기선 이 말하고 저기선 딴말
변절하는 마음.
남의 말 믿지 않고 자기 자신을
기만하는 마음.
마음에 안 든다고 생각 다르다
미워하는 맘. 시비하는 마음.

가지는 마음

서로가 도와주고 양보해 주는
인애하는 맘. 사양하는 마음.
스스로 돌아볼 뿐 탓하지 않고
반성하는 마음.
꾸준한 연습으로 이룰 때 까지
기다리는 마음.

사소한 일이라도 말 한 마디도 배려하는 마음.
사물을 통찰하는 심성을 지켜 버텨내는 마음.
작은 것 크게 보고 모든 것 살펴 알아채는 마음.

자신의 힘과 능력 파악을 하고
믿어주는 마음.
원근과 모양보고 바람을 보아
짐작하는 마음.
공사가 분명하여 치우침 없는
거짓 없는 맘. 내려놓는 마음.

公孫丑曰 道則高矣美矣 宜若登天然 似不可及也
何不使彼爲可幾及而日孶孶也
孟子曰 大匠不爲拙工改廢繩墨 羿不爲拙射 變其彀率
공손추가 말하기를, 높고 높은 도 아름답지마는.
하늘에 올라가는 구름 같아서 미칠 수가 없네.
미칠 수 있을 만큼 낮게 만들어 따라서 한다면.
이룰 수 있는 것을 하지 않으니 무슨 일입니까.

맹자가 목수와 예, 경우를 들어 설명을 하기를.
훌륭한 목수들은 졸렬한 목수 가르치기 위해.
먹줄과 표하는 법 고치려거나 없애지 않으며.
전설의 명궁 예도, 졸렬한 사수 가르치기 위해.
활 당겨 쏘는 법을 고쳐하거나 바꾸지 않았다.

– 맹자

제2부

노자의 과녁

노자의 과녁

노자가 말을 건다, 도라고 하면
상도가 아니다.
화살을 쏘았다고 말을 하지만
쏘는 게 아니다.

공자가 대답 한다, 활을 쏘는 건 군자와 같아서.
다투지 않으면서 경쟁을 하되 서로 사양한다.
정곡을 맞히고도 뚫지 못함을 따지지 않고서.
맞히지 못했으면 자기가신을 살펴 볼 뿐이다.

노자는 넘어야할 산으로 남아
과녁이 되었다.
공자는 맞히면서 알아차리는
화살이 되었다.

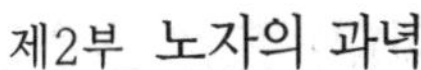

제2부 노자의 과녁

제1관, 도는 스스로 깨닫는 것이다.
한 생각
덕
상덕

제2관, 이름에 속지마라.
유명 무명

제3관, 있으나 없으나 같은 것이다.
자연

제4관, 최고의 선은 물과 같다.
선과 악

제5관, 욕심을 버리면 묘함을 본다.
생이불유

제6관, 생각을 비우고 기를 채워라.
욕심

제7관, 알고 모르는 건 종이 한 장 차이.
앎

제8관, 나를 아는 자는 드물다.
반성

제9관, 빛나되 눈부시지 마라.
빛

제10관, 물러날 때를 알아라.
분수

제1관, 도는 스스로 깨닫는 것이다.

말로서 할 수 없는 활쏘기의 도
있어도 없고, 없어도 있는 것.
말로서 설명하면 궁색해 질 뿐,
따질 게 아니다.

욕심을 내려두면 눈먼 장님도
볼 수 있는 큰집.
욕심을 가지고서 그 속을 보면
비어있는 속궁.
(道可道非常道)

한 생각

화살이 날아가서 과녁 홍심에
꽂이는 것일까.
과녁이 자리에서 피하지 않고
맞아주는 걸까.

한길로 통한다고 말은 하지만
알아듣기 나름.
변하지 않는 다고 말을 하지만
생각하기 나름.

덕

열 눈이 바라봐도 거슬림 없이
걸어가는 뒤태.
낯짝이 가려우면 뒤집어쓰는
분이네 하회탈.

어울려 살다보면 천덕꾸러기
잃어버린 본성.
길 따라 가다보면 굴러다니는
天德, 知德, 人德.
주었다 나누었다 목청 흰 소리
웃고 가는 뫼돌.

상 덕

자신을 위한다는 생각 없어야
오래가는 거다.
도와도 베풀어도 손안에 찰떡
안하는 게 上德(상덕).

만물은 같이 커도 서로서로가
해가 되지 않아.
도라고 하는 것도 같이 행해도
거슬림 없어라.
(上德不德 上德無爲)

제2관, 이름에 속지마라

이름을 붙였지만 그 것은 그 것
속없는 껍데기.
불러서 대답하는 메아리일 뿐
산은 산, 물은 물.

이름에 연연하면 속을 못 본다,
사진에 나 없듯, 이름에 나 없다.
(名可名非常名)

유명무명

속살을 다 파먹은 호랑이 가죽
둘러쓰는 군자.
바위에 새겨두고 남기는 이름
비바람 지우네.

이름이 생기기전 모든 만물은
먼저 와 있었다.
무명은 천지창조 만물의 본체
너와 나 나와 너.
(無名天地之始 有名天地之母)

제3관, 있음과 없음은 같은 것이다.

없다고 하는 것은 있었던 것이
없어진 것이오.
있다고 하는 것은 없어진 것이
있어진 것이다.

없다고 생각하면 없는 것이다
가득 차 있어도.
있다고 생각하면 있는 것이다
텅 비어 있어도.
그러니 있다 없다 말하는 것은
의미 없는 허사.
(有無相生)

자 연

스스로 그러한 걸 내가 했다니,
생색내지 마라.
쉬는 숨 모르는 게 건강 한 거지
느끼면 병이다.

굴리지 않았는데 스스로 돌아
계절은 바뀌고.
따르지 않았는데 스스로 넘쳐
밤 낮은 기운다.
시키지 않았어도 스스로 알아
꽃은 피고 질뿐.
(無爲自然)

제4관, 최고의 선은 물과 같다

만물을 도와주고 다투지 않는
물이 곧 善이다.
모든 이 싫어하는 낮은 곳으로
앞서서 나아가.
모든 것 씻겨주고 홀로 탁하니
보살 따로 없네.

높으면 낮아지고 낮으면 높여
수평을 이루어.
그릇이 크던 작든 다 채워주니
물이 곧 신이다.
물처럼 살아라, 물처럼 가거라.
(上善若水)

선과 악

착하고 악한 것은 동전의 앞뒤
곱고 미운 것, 어렵고 쉬운 것,
긴 것과 짧은 것, 높은 것 낮은 것,
앞과 뒤, 위아래, 모두 같이 있다.
한 생각 밉다 곱다 다르다 해도
부질없는 망상.

소리만 지른다고 노래 아니듯
모음 자음도, 어울려 글이다.
한쪽이 없어지면 한쪽도 없다
이것이 이치다.
(美惡相調,高下相傾 前後相道 難易相成 長短相形)

제5관, 욕심을 버리면 묘함을 본다.

족함을 알고 나면 넘치는 것을
내 것이 없구나,
지구를 가져도.

욕심을 내려놓고 세상을 보면
들어나는 본체.
욕심이 생겨나면 보이는 것은
가로막는 장막.
(無慾觀妙 有欲觀微)

생이불유

자기가 낳았어도 내 것 아니니
가지지 말거라.
자기가 이루어도 내 것 아니니
머물지 말거라.

낳아도 갖지 않고 길러도 주며
대가 없이도, 주기만 잘하네.
이보다 더한 것이 어디 있느냐,
자연이 그래, 우주도 또 그래.
가지려 애를 쓰면 모자라지만
주려고 하면, 넘쳐나는 거다.
(生而不有 爲而不持)

제6관, 생각을 비우고 기를 채워라.

天氣를 내려 받아 머릴 비우고
地氣로 배 채워.
잡생각 미약하게 체력 강하게.
살아가는 법도.

채우지 아니하고 비우기만 해
그 건 죽은 목숨.
비우지 아니하고 채우기만 해
그 도 죽은 목숨.
채우고 비워내고 다시 채워야
그게 사는 거다.
(虛心實腹 弱志强骨)

욕 심

욕심은 누구나 다 가지는 거나
채움이 흠이다.
양심이 욕심에게 저버린다면
재앙이 되는 것.

미움도 사랑함도 모르는 자연
그래도 잘 산다.
만물의 인정사정 봐주고 나면
할 일을 못하니.
천명의 옳고 그름 따를 뿐이지
사특함이 없네.
천지가 불인하니 성인도 불인
궁시 또한 불인.
(天地不仁)

제7관, 알고 모르는 건 종이 한 장 차이.

믿는 말 곱지 않고
꾸민 말 빈말
들어보면 안다.

안다고 하는 것이 별거이드냐
모르면 말 많다.
실없는 말 많으면 속이 비어서
아는 것이 적다.
(知者不言 言者不知 信言不美)

앎

무지를 아는 것은 上道이지만
모르면 병이다.

스스로 아는 이는 드물지만은
배워 아는 자, 세상에 많구나.
배우려 노력하면 알아지는 걸
알지 못하네, 배우지도 않네.
(知不知上 不知者病)

제8관, 나를 아는 이는 드물다

스스로 나 잘났다
뻥치는 사람
세상에 많더라.

사람을 아는 것은 지혜롭지만
저를 알아야, 현명한 것이다.
몰라도 너무 몰라 한 치 마음 속
열어봐도 몰라.
(我知者希 知人者賢 自知者明)

반 성

하루에 한 번 쯤은 자기 자신을
살필 줄 알아야.
어디로 나가는지 돌아오는지
알 수가 있나니.

보는 것 다섯 가지 막아버리면
아는 것이 없다.
음식 먹어보고, 소리 들어보고,
물건 만져보고, 냄새 맡아봐도,
눈으로 보는 게, 보이는 것이다.

제9관, 빛나되 눈부시지 마라.

내 빛을 낮추어서 부시지 않게
먼지처럼 깔아.
조금은 어둑해도 같이 가는 게
그 길이 밝은 길.

나 좋다 서두르면 남도 좋을까
착한일도 나름.
남 좋다 따라하면 나도 좋을까
옳은 일도 나름.
(和光同塵)

빛

영롱한 무지개는 볼 수 있지만
태양은 못 본다.
무수한 은하별은 밤에 빛나도
만사람 다보고.
밤하늘 둥근 달은 높이 있어도
열강을 비춘다.

예리한 칼날 끝은 쉽게 무디니
날 세우지 마라.
제 몸을 태운 불은 빛을 발하고
사그라지는 법.
하나를 배운 후엔 하나를 버려
무게를 줄여라.

제10관, 물러날 때를 알아라.

공덕이 이뤄지면 머물지 않고
자리를 떠나라.
자리가 아까워서 머뭇거리면
밀려나기 마련.

발꿈치 들고 서면 오래 못가고
주저앉고 말지.
황급히 서둘러서 가다가 보면
길을 잃고 말지.
(功成身退 企者不立)

분 수

과일을 따고나면 내려와야지
무얼 바라고, 자리에 있는가.

똑바로 가는 것은 하나도 없다
흔들리며 간다.
가야할 목표물이 있기 때문에
찾아가는 거다.

칼솜씨 자랑하면 칼에 찔리고
주먹질 하면, 주먹에 당한다.

孔子觀鄕人射箭 感歎地說
先修身心再射箭沒有
射不中箭靶的, 只有賢者能做到
不修身心怎能 射中箭靶呢.
공자가 고향사람 활쏘기 보고 감탄해 말하길.
몸과 맘 수양하면 화살을 쏘아 못 맞힐 일 없다.
깨달은 사람만이 그런 이치를 알 수가 있으니.
몸과 맘 수양 없이 화살을 쏘니 맞힐 수 없구나.

– 공자성적도 觀鄕人射

제3부

공자의 화살

공자의 화살

초시는 예의 살 誠實謙遜, 禮義嚴守,
사대와 과녁 신고하는 禮矢.
재시는 지혜 살 先察地形, 後觀風勢,
주변을 살펴 판단하는 智矢.
삼시는 바른 살 正心正己, 廉直果敢,
올바른 판단 행동하는 義矢.
사시는 믿음 살 不怨勝者, 反救諸己,
스스로 반성 믿고 쏘는 信矢.
오시는 비움 살 自重絕調, 胸虛腹實,
욕심 버리고 인애하는 仁矢.

초시가 부중함은 마음의 준비 부족한 탓이요.
재시가 부중함은 잡생각 많아 흩어진 탓이오.
삼시가 부중함은 집중을 않고 방심한 탓이요.
사시가 부중함은 자기 판단을 불신한 탓이요.
오시가 부중함은 자기 욕심을 못 비운 탓이다.

제3부 공자의 화살

제1순 참나 : 나를 찾아 가는 길.

仁, 사랑할 줄 알아라.
義, 바르게 살아라.
禮, 예절을 지켜라.
智, 지혜롭게 살아라.
信, 믿음을 가져라.

제2순 仁義 : 사랑해야 사랑 받는다.

인의 -1, 2, 3, 4, 5

제3순 禮樂 : 예를 모르면 사람이 아니다.

예악 -1, 2, 3, 4, 5

제4순 知智 : 먹어 봐야 참맛을 안다.

지지 -1, 2, 3, 4, 5

제5순 信勇 : 모르면 용감하다.

신용 -1, 2, 3, 4, 5

제6순 言行 : 말로 기와집 짓지 마라.

언행 -1, 2, 3, 4, 5

제7순 孝悌 : 부모 없는 자식은 없다.

효제 -1, 2, 3, 4, 5

제8순 好學 : 모르면 배워라.

호학 -1, 2, 3, 4, 5

제9순 小人 : 덩치는 큰데 속이 좁다.

소인 -1, 2, 3, 4, 5

제10순 君子 : 멀리 있어도 가까운 사람.

군자의 모습 -1, 2, 3, 4, 5, 6, 7, 8, 9, 10

仁, 사랑할 줄 알아라.

어질다 하는 것이 무엇이더냐,
賢자 良자도, 慈자 愛자도,
모두 모았으니.
하늘땅 사람사이 지켜야 하는
살아가는 도리.
과일의 씨앗처럼 살아남아서
전달할 유전자.

惻隱之心(측은지심)
불쌍히 여기어서 도와주려는
안타까운 마음. 사랑하는 마음.
호의를 베풀 때도 상대방 기분
배려하는 마음.

義, 바르게 살아라.

내 생각 고집하고 남 생각 안 해
다툼이 생긴다.
남 생각 옳다하고 내 생각 안 해
불평이 생긴다.
옳은 것 옳다하고 그런 건 글러
하는 게 바른 것.

羞惡之心(수오지심)
자기의 잘못함을 부끄러하고
남의 잘못됨, 미워하는 마음.
양심에 비추어서 걸림 없는지
따져보는 마음.

禮, 예절을 지켜라.

하늘은 쳐다보고 땅은 내려 봐
상하가 있는 법.
만물의 생성에도 앞뒤가 있어
순서가 생겼다.
하물며 사람들이 살아가는데
절도가 없으랴.
힘으로 돈으로도 할 수 없으니
예절이 있을 뿐.

辭讓之心(사양지심)
남들에 겸손하여 하고 싶어도
참을 줄 아는 맘, 양보하는 마음.
상황에 적절한지 말과 행동을
살펴보는 마음.

智, 지혜롭게 살아라.

아는 게 많다 해도 쓸 줄 모르니
공자 日 맹자 日.
남들이 하는 것을 따라만 하니
바담 風, 가물 玄.
베풀지 않으면서 가지고 있음
허물만 생긴다.
소유를 하고서도 즐기지 못함
가진 게 아니다.

是非之心(시비지심)
옳은 것 그런 것을 분별하여서
지적 하는 용기, 거절하는 양심.
자기가 아는 것이 정확한 건지
확인 하는 마음.

信, 믿음을 가져라.

먼 곳에 있지 않고 내 가슴속에
지니고 있었다.
스스로 믿음으로 속이지 않음
누구를 속일까.
아는 놈, 눈 밝은 놈, 귀가 밝은 놈,
찾지 못한 구슬.
세월이 지난 다음 우리 가슴에
남아있는 불씨.

實踐之心(실천지심)
마음에 지닌 것을 옮기지 않고
지켜가는 맘. 변함없는 마음.
자기의 소신 따라 행동하지만
사심 없는 마음.

인의 -1

사십이 넘어서도
미움 받으니
잘 못 살았구나.

혹 하지 않는 다고
철들었다고
자랑할 게 아냐.

팔십을 넘어서서
뒤 돌아보면
칠십도 어리다.

인의 -2

곧은 건 구부리고
굽은 건 펴도
쓰는 곳은 하나.

고와도 밉상이고 밉상도 고와
끌어안고 살뿐.

마음에 드는 사람 가까이 하고
싫다 내치면,
어찌 선비인가.

인의 -3

남들이 나 모르듯
나도 남 몰라
웃고 지나갈 뿐.

누군지 알아 볼가
두려운 사람
죄를 지은 사람.

누군지 몰라 볼가
안달하는 자
얼이 나간 사람.

인의 -4

누군가
득을 보면
누군간 손해,
합하면 0이다.

가난은 누구나 다 싫어하지만
피치 못하면,
즐길 줄 알아야.

부귀는 모든 사람 원하는 바나
옳지 않으면,
누리지 말아야.

인의 -5

자기를 사랑할 줄
모르는 사람
남도 사랑 못해.

만물을 사랑해야
성인이 되어
법도를 세운다.

만인을 사랑해야
군주가 되어
나라를 세운다.

예악 –1

예로서 나눠지고
악으로 모여
같이 사는 세상.

예의를 지키는 건
분별 하는 것
멀어지는 사이.

악으로 같이 놀아
친하게 되니
가까워진 사이.

예악 -2

폼 잡고 사는 거나
폼 없이 사나
아래 위가 근본.

예의와 겸양으로
살아간다면
천국 따로 없다.

예양을 내던지고
살아간다면
개판되는 지구.

예악 -3

나 먼저 하는 것이
예의의 근본
받는 게 아니다.

저 혼자 잘 낫다고
나서는 사람
눈치 받기 십상.

제 속도 모르는데
다른 사람 속
어찌 알겠는가.

예악 -4

모르면 묻는 것이
예의 이니라,
神들도 모른다.

모르면 물어보고
알아도 물어
틀리지 않았다.

즐겁게 노래하고
춤을 추어도
넘치지 않았다.

예악 -5

속으로 미워하고
겉으로 반김,
두 번 하는 잘 못.

외모는 엄숙해도
가까이 하면
전해지는 온기.

남의 말 듣고 나면
같이 공감해
염려하는 배려.

지지 -1

모르면 모른다고
알면 안다고
하는 게
아는 것.

정확히 모르면서
체 하는 게 병
반풍수 집안 꼴.

가는 길 모르면서
앞장을 선다,
서당 개 삼년 꼴.

지지 -2

無知를 알게 되면
잘 하는 것은
절로 알게 된다.

남 보다 모르는 것
알아차리면
배울 수 있는 길.

자신이 가진 능력
알고 있으면
나설 수 없는 일.

지지 -3

마시고
먹는 것은 누구나 하나
제 맛 아는 이,
드물기만 하다.

소인은
이득으로
군자는 의로
깨닫는 것이다.

스스로 모른다고
깨치는 순간
들어나는 지혜.

지지 -4

모두가
지혜롭다 말을 하지만
함정에 빠져,
피할 줄 모른다.

하늘이 무너져도
솟아날 구멍
있다고 말한다.

어디에 있는지를
아는 사람은
어디에도 없다.

지지 -5

서로가 다르지만
깨치고 나면
통할 수 있구나.

얻었다 하는 말은
같이 하지만
얻은 건 다르다.

잃었다 하는 말도
같이 하지만
잃은 건 다르다.

신용 -1

먼 곳의 친구들이
찾아와 주면
즐겁지 않은가.

예악을 조절하여 즐거워하면
흥하는 길이요.
사람의 선한 면을 칭찬 잘 하면
흥하는 일이요.
어질은 친구들을 많이 사귐은
흥하는 낙이다.

신용 -2

올곧고 성실하고
다문한 사람
친구로 삼아라.
편벽해 아첨하며
빈말 잘하면
친구하지마라.

교만과 쾌락으로
산다는 것은 망하는 길이요.
놀면서 안주하길
바라는 것은 망하는 일이요.
향연을 벌여놓고
즐기는 것은 망하는 낙이다.

신용 -3

의로움 보고서도
말을 못하고
침묵하는 양들.
불의를 보고서도
참기만 하는
용기 없는 군자.

더러워 피하거나
용기 없거나
안하는 건 같다.
불의를 보고서도
피하는 것은
비겁한 자존심.

신용 -4

잘못을 알고서도
고치지 않아
허물이 되는 법.

아는 게 많은 자는
안다는 것이 허물이 되는 법.
과감한 사람들은
용기 때문에 허물이 생긴다.
백옥의 흠집이야
갈면 되지만
거둘 수 없구나,
빗나간 말 하나.

신용 -5

수치를 아는 것은
용에 가깝고
참을 수 있어,
용기 있는 자다.

소년은 혈기왕성 주체를 못해
경계할건 여색.
장년은 혈기 굳어 고집이 세니
경계할건 다툼.
노년은 혈기쇠잔 기가 막히니
욕심 경계하라.

제6순, 言行:말로 기와집 짓지 마라.

언행 -1

눈웃음
알랑방귀 잘 뀌는 사람
어진 이 없더라.

말솜씨
청산유수 꾸미는 얼굴
돌아서면 허당.

새 같이
말하거나 노래하거나
꼭두각시 놀음.

언행 -2

지키지 못할 약속
하지도 말고
말하면 지켜라.

실없이 뱉어내는 허튼 소리는
행치 못하니,
부끄럽기 마련.

누군가 가슴 속에 박히는 말은
뽑을 수 없어,
한이 남기 마련.

언행 -3

친구나
임금이나 자주 간하면
멀어지게 된다.

듣기가 좋은 말도
삼 세 번이다
더하면 넘친다.

만나는 사람마다
같은 말하면
호랑이 만든다.

언행 -4

말하지 않는다면
성인군자도
어찌할 수 없다.

말로서 말 많으니
말 할까 말까
망설이지 마라.

말로서 천 냥 빚을
갚는다면야
그 때는 해야지.

언행 -5

간교한 말 한마디
덕을 낮추고
참을 줄 몰라,
큰일 저지른다.

말 먼저 행동먼저
따지지 마라
그 게 그거니라.

말 먼저 앞세우고
행동 안하면
그 게 문제니라

효제 -1

바램이
간절하면
같지 않아도
가까이는 간다.

치사랑 내리사랑 같다고 해도
부모만은 못해.

아플까 병이 날까 걱정 하는 게
부모만 같아라.

효제 -2

있을 때 잘해야지
없으면 못해
사랑도 미움도.

부모를 섬길 때는 몸으로 하지
입으로 하면,
아니함만 못해.

친구를 사귈 때는 맘으로 하지
믿음 없으면,
없는 것만 못해.

효제 -3

공경심 없는 봉양 잘한다 해도
짐승도 하는 짓.

어려서 키우는 것 효라 한다면
개나 소도 한다.

늙어서 돌보는 걸 효라 한다면
까치 새도 한다.

효제 -4

부모의 나이마저
모르고 살면
두렵지 않은가.

관심이 없어지면
들어도 몰라
보고서도 몰라.

마음이 멀어지면
만져도 몰라
먹어봐도 몰라.

효제 -5

그 길이 멀다 해도
따라가는 게
자식 된 도리다.

내 생각 부모 생각
다르다 해도
원망하지 마라.

세 번을 간을 해도
듣지 않으면
울면서 따를 뿐.

제8순, 好學 : 모르면 배워라.

호학 -1

배운 것 잘 익혀서
달인이 되면
얼마나 좋을 꼬.

.
배움은 남을 주나 내가 가지나
많이 남는 장사.

평생을 써 먹고도 남아있으니
불어나는 밑천.

호학 -2

배우긴 잘 하면서
할 줄은 몰라
어리석은 사람.
생각은 하면서도
배울 줄 몰라
위태로운 사람.

배우면 배울수록
꼼수가 늘어
사기 치려 하니.
골이 빈 사람들은
모자라 위태
골 찬 사람은,
넘쳐 위태하다.

호학 -3

배우지 않으면서
곤궁하다면
누굴 탓하리요.

무엇을 하지 않고
안 된다 하니
어쩔 수가 없다.

그러한 자일 수록
고집이 강해
남의 말 안 듣지.

호학 -4

아는 이 지나치고
우매한 자는
미치지 못하네.

동에서 해가 뜨고
서쪽에 진다,
알아도 푼수,
몰라도 반풍수.

배우면 배울수록
안다고 해도
내일도 뜨는 해.

호학 -5

배움을 좋아하면
지에 가깝고
열심히 행해,
인에 가깝구나.

한 곳을 깊이 파면
굴이 길어서
나오기 어렵다.

여러 곳 많이 파면
굴이 많아서
찾기가 어렵다.

소인 -1

어떤 게 이익인지
잘 사는 건지
척 보면 아는 이.

어진이 만나거든
작은 것 까지
본받을 생각을.

못난이 만나거든
정제하기 전
나를 돌아보라.

소인 -2

군자는 덕을 품고
소인은 내 땅
품어 안고 산다.

우인과 성인들은
같이 있어도
和而不同하고.

소인과 군자들이
같이 살아도
同而不和하네.

소인 -3

똑 같이 곤궁해도
소인이 되면
훔칠 생각한다.

가진 것 없을 때는
얻어가지려
안달복달하니.

가진 것 있을 때는
지키려 하니
무슨 짓 못하랴.

소인 -4

가까이 두려하면
공손치 않고
좀 멀리하면,
원망을 하니라.

추한 옷 거친 음식
부끄럽다면
선비가 아닌데.

그런 이 더불어서
논쟁 한다면
나 또한 소인배.

소인 -5

소인은 끼리끼리
편당을 지어
살필 줄 모른다.

소인은 잘 못하면
겉으로 꾸며
속이려고 하니.

아무리 작은 것도
크게 만들어
자랑하려 한다.

군자의 모습 -1

만나고 싶지 마는 만날 수 없네,
군자라 부른 임.
세상에 같은 이름 많기도 하네,
어디에 사는지.
물어서 찾아가도 알 수가 없네,
어디로 갔는지.
어디서 본 듯하여 다가서 보면
저 멀리 있는 임.
옛날에 살았는데 지금은 없어
아는 이가 없네.

군자의 모습 -2

군자는 임금, 부모, 남편과 아내
되려하는 사람.
하늘의 태양처럼 밤의 달처럼
우러러 보는 이.
사람이 있건 없건 앉은 자리는
부끄럼이 없네.
먼 곳을 살피어서 알아차리니
미리 방비하며.
그릇이 좁지 않아 다양한 곳에
쓰고도 남는다.

군자의 모습 -3

군자의 허물들은 일월식 같아
바로 돌아오며.
사귐은 물과 같아 담백하지만
변하지 않는다.
덕행은 바람 같아 누운 풀처럼
감화를 시킬 뿐.
도리에 어긋날까 법에 걸릴까
걱정이 없으니.
스스로 자랑거리 말하지 않아
어수룩하였다.

군자의 모습 -4

군자는 남의 명예 빼앗지 않아
더욱 빛이 나며.
하는 일 모든 것이 하늘 앞에서
부끄럽지 않다.
부모가 살아있고 형제무고를
낙으로 삼으며.
천하의 영재들을 가르치는 것
낙으로 삼지만.
나라의 왕이 되어 머무는 것은
낙이 아니란다.

군자의 모습 -5

군자는 두루두루 사귈 지라도
편당 짓지 않아.
은혜를 베풀어도 낭비가 없어
모자람이 없다.
힘 드는 일을 해도 다른 사람을
원망하지 않아.
언제나 웃는 얼굴 말보다 먼저
행동을 하나니.
갈 길이 늦더라도 내닫지 않고
발걸음 살핀다.

군자의 모습 -6

군자의 얼굴빛은 온화하지만
장엄하게 보여.
위엄을 갖추고도 사납지 않아
다가서기 쉽다.
사물을 보는 눈은 분명 하여서
그릇됨이 없어.
무엇을 들을 때는 귀를 기우려
빠뜨리지 않아.
모르면 물어보고 바른길 찾아
흔들림이 없다.

군자의 모습 -7

군자는 기울거나 흐르지 않아
조급함이 없어.
좋아도 나쁜 것을 알아차려서
고치려고 한다,
싫어도 좋은 것을 찾아내어서
배우려고 할뿐.
무엇을 하드래도 탐하지 않아
욕심냄이 없어.
천명과 지식인과 성인의 말씀
두려워 하니라.

군자의 모습 -8

가난한 살림에도 가진 자에게
아첨하지 않아.
부자로 살면서도 베풀 줄 알고
교만하지 않다.
이득을 취할 때는 의로운 건지
따져보고 하며.
한 말을 하드라도 진실한가를
가려서 말하며.
화날 땐 어려움을 먼저 생각해
참을 줄 아는 이.

군자의 모습 -9

군자의 목소리는 고요하지만
멀리까지 간다,
근거가 없는 사실 말하지 않아
고집 아집 없어.
용모는 공손하고 말이 적어도
믿음성이 있다.
머리는 곧게 서고 엄숙한 기운
주변을 압도해.
발걸음 신중하니 보는 이 마다
따라하는 구나.

군자의 모습 -10

군자가 피할 것은 문사의 붓끝
말려들지 않고.
무사의 창 칼 끝에 찔리지 않게
몸을 조심하여.
변사의 혀끝에서 놀지 않으며
중도를 지킨다.
지,인,용, 3개 덕을 고루 갖추고
몸 단속 잘하여.
스스로 노력하여 달도 하는 게
군자의 참 모습.

제4부

활쏘기 삼위 일체

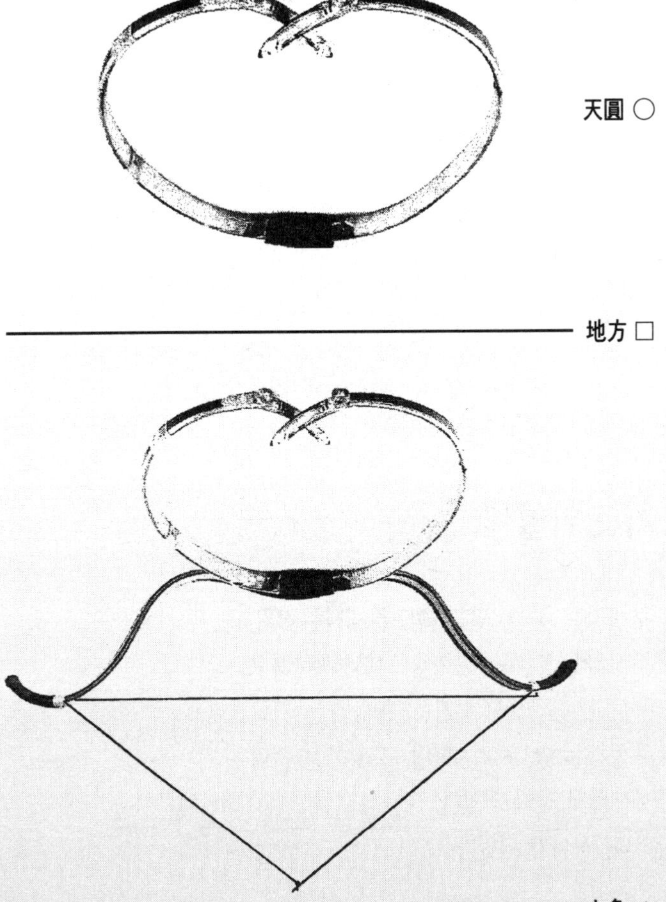

國弓圖說

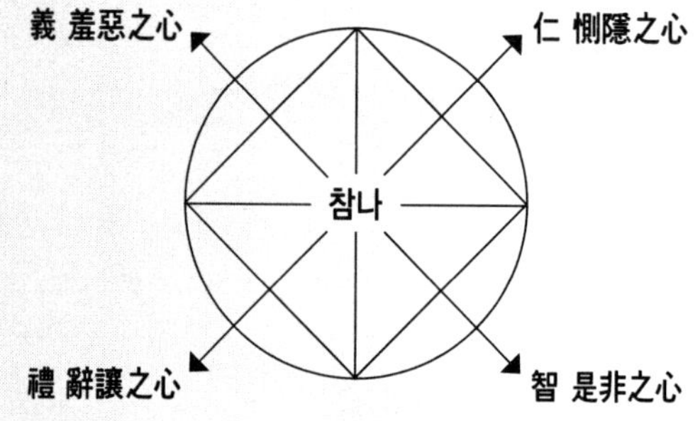

활쏘기 3위일체

우주를 구성하는 하늘, 땅, 사람, 존재하는 3위.
배움을 구성하는 도, 규칙, 기술, 지향하는 목표.
인체를 구성하는 몸, 마음, 기운, 행동하는 기교.
활체를 구성하는 활, 시위, 화살, 운영하는 순리.
하나로 시작해서 셋이 되었다,
다시 합하니, 하나가 되었다.

제4부 활쏘기 삼위 일체

활쏘기의 삼위일체

자기의 존재감을 과시를 해도
아는 이가 없다.
소유욕 만족하는 돈이나 권력
얻을 수도 없다.
활 내는 사람들이 할 수 있는 게
세 가지 있으니.

몰입과 집중으로 마음 다스려 선사가 되는 것.
기교를 터득하여 활을 다스려 명궁이 되는 것.
운동과 조식으로 몸을 다스려 건강해 지는 것.

세 가지 다 하겠다 욕심을 내면
하나도 어려워.
그 중에 하나라도 제대로 하면
얻을 수 있는 도.

1. 궁도, 사법, 궁술

활 속에 길이 있고 법이 있으니
그 길을 가는 자.
활쏘기 사법 예법 근본을 익혀
빗나가지 않네.

궁도의 깊은 뜻을 알아차리면
군자라 하여도.
도, 법, 술, 통달하여 막힘없어야
선사라 하지요.

기묘한 술을 배워 쏘는 살마다
백발백중 실력.
늙어서 나이 들면 절로 사라져
남은 게 없구나.

활쏘기의 도

잘 쏘는 기교에서 멈추어 설 때
볼 수 있는 영역.
기교의 한 단계를 넘어 설 때에
도달하는 궁도.
자기의 마음에다 화살을 쏘면
마음을 얻지만.
말없는 과녁에다 화살을 쏘면
욕심만 생긴다.
자신을 겨냥하고 명중시킬 때
느껴지는 환희.

立禪(입선)

앉아서 하는 참선 선체로 하니
활쏘기는 입선.
진정한 기예의 길 알아차리면
비어있는 속궁.
그 속에 들어가야 만날 수 있는
이름 없는 또 나.

화살은 일직 하여 전진만 하니 굽을 줄 모른다.
활체는 만곡하여 굽혔다 펴도 도를 넘지 않아.
스스로 돌아 볼 뿐 다투지 않아 활쏘긴 인의 도.

활쏘기의 법

저마다 비법이라 자랑을 해도
百聞不如一行(백문불여일행).
입으로 말만하니 남은 게 없어
百言不如一畫(백언불여일획).
경지에 이르르니 전할 게 없는
以心傳心 禪心(이심, 전심, 선심).

내 몸도 내 마음도 다잡지 못해 멀어지는 과녁.
앞 나도 뒤가 나도 서로 나 몰라 줌손과 깍짓손.
짧아도 넘어가도 서로 남의 탓 미는 힘 끄는 힘.
맞히고 못 맞힘은 정해져 있다, 내 몸에 내 맘에.

비법전수

저마다 다른 쏨세. 생각도 달라
활도 살도 달라.
나같이 쏘라한들 흉내만 낼뿐
묘법을 모르지.
저 혼자 깨닫기 전 그 뜻을 몰라
궁시랑 궁시랑.

평평한 팔뚝 위에 놓인 술잔은
넘어지지 않아.
과녁을 바라보고 몰입을 하면
떠오른 둥근달.
눈으로 보지 않고 뜻으로 쏘아
적중하는 과녁.

화살은 쏘았지만 쏘는 게 아냐
저절로 빠진 살.
내 몸을 관통해도 그 것 모르고
다시 내는 욕심.
빗나간 화살들이 나를 향할 때
그 때는 알려나.

심고만분

활 쏘는 비법들은 많고 많지만 審固滿分 넉자.
겨눌 땐 상심하게 곁눈질 말고 이마 바로 서서.
다룰 땐 견고하게 똑 바른 자세 흔들림 없는 몸.
당길 땐 가득 차서 모자람 없고 넘치지도 않아.
쏠 때는 균형 있게 앞뒤에 반반 힘을 나눠 발시.
심(審)
지형을 두루 살펴 풍세를 알고 바라보는 과녁.
작은 것 크게 보는 관습의 경지 그 속에 있는 나.
고(固)
생각이 올바르면 치우침 없어 흔들리지 않아.
정신이 안정되면 집중을 하여 과녁 안에 선다.
만(滿)
줌손의 촉을 알고 등짝은 붙어 더도 덜도 안 돼.
비워서 채워지는 묘리를 알면 나와 남이 없다.
분(分)
한쪽에 지우 치면 딸려가는 힘 영축이 생긴다.
한쪽에 기울이면 흔들리는 힘 앞뒤가 생긴다.
가슴의 가운데를 갈라 열듯이 날려 보내거라.

활쏘기의 術

활 쏘는 기술이라 배우는 것은
당겨 버티다, 놓아버리는 것.
당길 땐 내 몸 가득 활을 당겨서
너나 없는 한 몸.
버틸 땐 앞손 밀고 뒷손을 끌어
움직임 없는 활.
놓을 땐 집중하여 나도 모르게
놓아주는 화살.

滿酌(만작)

품을 줄 알아야만 하나가 되니
가슴 가득 안아.
넘치고 부족함이 하나도 없어
편안한 몸과 맘.
당기고 미는 것이 하나가 될 때
활이 나, 내가 활.

知钃(지촉)

지촉을 모르고서 활을 내는 건
코끼리 만지기.
집중을 하지 않고 활을 내는 건
로또복권 타기.
눈으로 보지 않고 감으로 아는
토리 더테 상사. 엄지로 느낄 뿐.

沒入(몰입)

과녁을 마주하고 서로 통하면
관에 나 있다, 나 속에 관 있다.
눈 감고 쏘는 거나 눈 뜨고 쏘나
미리와 있는 것.
과녁을 내 마음에 모우지 않아
멀어지는 화살.
저절로 날아가서 맞히는 거지
쏘는 사람 없다.

관 중

눈뜨나 눈감으나 몸이 바르면
찾아가는 화살.
일획을 쏘다보면 한두 발 쯤은
알아서 가는 것.
쏠 때나 안 쏠 때나 화살 생각에
잠 못 이루는 밤.
과녁이 눈앞에서 사라지는 날
솟아오른 태양.

줌 손

앞손은 들어 올려 하늘에 상응
前擧正圓이니.
줌손은 온힘으로 태산을 밀어
前推泰山이다.
줌손은 거절하듯 지탱을 하여
左手如拒이니.
줌손은 쏘는 것을 알지 못하니
左手不知니라.

오로지 한 맘으로 밀고 당길 뿐
사특함 없어. 射無詞 思無邪.
깍짓손 떼는 것도 줌손은 몰라
박혀있는 말뚝.
뒤 나도 내 탓이고 앞 나도 내 탓,
어쩌란 말이냐. 부동의 버팀목.

깍짓손

후수는 끌어내려 땅에 응하니
後擧執方이니.
깍짓손 온힘으로 꼬리를 잡아
後握虎尾니라.
후수는 나뭇가지 붙은 듯하여
後手如枝하니.
각지손 교력으로 화살 발하니
右手發箭이다.

호랑이 꼬리라고 움켜쥐고서
놓을 줄을 몰라.
댓잎에 쌓인 눈이 미끄러지듯
빠지는 깍짓손.
어미 손 놓친 별이 하늘 가르듯
빗금진 별똥. 내리치는 번개.

2. 몸 마음 기운

마음은 몸의 주인 바르게 하면
기울지 않아. 비뚤지도 않아.

마음이 순수하면 욕심이 없어
사양하게 되니.
마음이 편안하면 기가 한가해
상세하게 본다.
마음이 단정하면 얼굴도 발라
장엄하게 되어.
마음이 넓어지면 승부마저도
뽐내지를 않네.
怒氣로 활 당기면 당기기 쉬워
조급하게 되니.
息氣로 활 놓으면 노치기 쉬워
집중력 잃는다.

승리를 갈구하고 욕심 부리면
중평 무너져, 안정도 무너져.

몸

내 몸을 바로 닦아 활채 삼으니
몸이 곧 활이요.
마음을 바로잡아 화살 삼으니
생각이 살이다.
몸뚱이 바로 세워 가슴을 열고
과녁을 향하니.
바른 맘 살에 실어 쏘아 보내면
못 맞힐게 없다.

과녁은 이마 앞에 바로 다가와
궁사를 향하니.
서로가 마주보고 하나가 되는
활터의 긴장감.
비어야 하는 것을 채우고 쓰니
버스러진 가슴.
채워야 하는 것을 비우고 쏘니
흔들리는 다리.

범아귀와 반바닥

엄지와 검지 사이 줌손 손아귀 호랑이 아가리.
잡으면 놓지 않는 야성의 본능 지켜온 자존심.
엄지의 뿌리박힌 도톰한 자리 버티는 기준점.
그렇게 말을 해도 못 알아들어 팔뚝 맞는 궁사.

불 거름

다리에 힘을 주어 평평히 서서
당기는 엉덩이.
팽팽치 못 하며는 밑으로 처져
빠지는 궁둥이.
바닥에 붙인 다리 상체가 돌면
저절로 당겨져.
불 거름 팽팽하게 뒤를 조이니
탄탄한 하단전.

머리에서 발끝

턱 끝은 죽머리에 돌려 묻을 뿐 숙이지 않는다.
이마가 관을 보고 마주 서 있어 곁눈질 않는다.
입 막고 귀를 막고 눈까지 막아 마음으로 본다.
흔들림 없는 자세 항상 그 자리 변함없는 자세.

발

丁자도 아니면서 八자도 아닌
却立腰方 자세.
왼발을 기준으로 편하게 서니
모양새도 좋다.
체중을 고루 나눠 두발에 실어
벌린 어깨너비.
세파에 부딪쳐도 바람 불어도
흔들림이 없네.

활 쏘는 마음

마음이 불안하면 보이는 것이
고정되지 않아.
마음이 소락하면 망설이다 가
기회를 놓친다.
마음이 거만하면 안색이 변해 잘난 체하나니.
감정을 조절하는 본성의 자리, 중은 천하대본.
절도에 맞춰하는 행동의 주체, 화는 천하달도.

누구나 활을 쏘아 미치는 곳을
내 땅이라 하니.
누구나 활을 쏘아 맞히는 것을
내 것이라 한다.
자신의 과녁에다 화살을 쏴야
자기 것이 된다.

참나

나에게 싫은 것은 남도 싫은 것
생각 하나마나.
나와 남 모든 이에 이익이 되면
말없이 행할 뿐.
우리의 영혼들은 화살이 되어 날아가 버릴 때.
어디로 날았는지 알 수 없지만 찾지를 않았지.
세월이 지난 후에 나는 알았네, 가슴에 꽂힌 살.

화살은 당겨야만 목표를 향해
날아 갈 수 있다.
한때의 어려움이 잡아당겨도
포기하지 마라.
그것은 먼 곳으로 보내기 위한
삶의 배려이니.

활 쏘는 기운

미는 힘 당기는 힘 서로 맞을 때 활이 힘을 내니.
궁력의 절반으로 활을 이루어 여유로운 자세.
화살은 활을 헤고 활체는 궁력, 사람을 따진다.

이기지 못한 활은 활병의 근원 알고도 못 고쳐.
힘자랑 근육자랑 부질없는 일 마음으로 당겨.
온 힘을 쏟아야만 당겨지는 활 힘쓰면 다친다.

수십 력 활을 당겨 쏠 수 있어도 다 쓰지 말지니.
조금은 남기어서 기력을 모아 용력을 키울 뿐.
늙어서 젊은 날을 그리워 말고 아낄 줄 알아라.

활 잡은 손목부터 구미 죽지로 한 줄로 뻗는 힘.
천기를 내려 받는 머리끝 발끝 한 줄로 뻗는 기.
굽거나 벗어지면 힘을 못 쓴다, 등줄기 중심점.

3. 활 살 현

활

불의에 분개하고 정의에 타는 활과 살의 불꽃.
적 앞에 당당하고 두려움 없는 나라 지킨 방패.
세계의 어느 곳에 나갈 지라도 알아주는 명궁.

안으로 휘어짐이 적을 지라도 밖으로 굳세니.
균형이 잘 잡혀서 비뚤지 않고 반발력도 좋아.
한참을 쏘아대도 변함이 없이 힘 빠지지 않네.

날씨에 영향 없이 한결 같아서 균일한 힘 내어.
활 쏘는 시위소리 날카로워서 간담 서늘하니.
시위를 당기며 는 나는 새들도 가든 길 멈추네.

화살은 곧으면서 똑바로 나가 마음 닦는 상징.
과녁을 표적하여 목표가 되니 의 세움의 상징.
활체는 정원이니 뒤집어서 활 하늘에 해 뜬다.

각궁

대나무 물 소뿔에 덧댄 뽕나무 민어풀 쇠심줄.
뒤집어 활이 되고 달이 되는 활, 동이궁, 복합궁.
간목과 뿔과 심줄 풀로 조화해 몸을 닦는 상징.

단단히 굳어지는 겨울철에는 나무를 자르고.
살 올라 튼튼해진 가을철에는 물 소뿔 을 구해.
습기를 막아주는 칠과 건사는 여름에 취한다.

궁면은 좁다랗게 활줄은 팽팽 손안에 든 줌통.
화살 깃 짤막하게 궁현은 굵게 저울대는 태목.
먼오금 밧흔오금 중간 한 오금 버티는 활의 힘.

쟁탈목 양냥고자 도고지 꼭뒤 심고를 거는 곳.
삼삼이 후궁목소 뿔끝에 창밑 마지막 채는 곳.
한 줌도 안되는 게 말썽도 많아 깎았다 붙였다.

화살

촉부터 온의 까지 2자 일곱 치
싸리 대 시누대.
화살의 길고 짧음 무게 까지도
궁력을 따르고.
시위의 길고 짧음 굵기 까지도
활체를 따른다.

부푼 살 몸빠진살, 저마다 다른 살걸음 발걸음.
빠진 살 서분한 살 가는 곳 다른 발걸음 살걸음.

화살이 돌아가는 방향에 따라
우궁깃 좌궁깃.
깃 없는 화살대는 갈 곳을 몰라
침 없는 나침판.
흔들며 가다가도 제 길 찾으니
화살의 날개다.

시위

명주실 수십 가닥 접어 만드니 심줄보다 질겨.
어떻게 알았는지 팔뚝을 치고 뺨까지 때리네.
자세가 흔들리면 채찍질 하니 임금도 못 말려.

잡을 땐 평평하니 平이라 하고 당길 땐 準이라.
비틀 땐 궁수 마수 서로 교차해 狼이라 하나니.
발시는 적중 보다 시중에 있어, 망설이지 마라.

화살이 잘 빠지면 영웅이 된다, 웃는 소리 是雄.
빗나간 화살들은 자리 뺏긴다, 뜨는 소리 否雄.
딱하고 치는 소리 횡하는 소리 쏘는 사람 마음.

과녁과 紅心(홍심)

아홉 개 떨어지고 하나 남은 해
아직도 쏘는가.
수많은 궁사들이 쏘아 보낸 살
어디로 갔는지.
전설의 동이신궁 후예가 와야
三足烏를 잡지.

크다고 얕보다가 일중도 못해
코 빠진 초 한량.
눈 뜨나 눈감으나 항상 그 자리
내 몸만 오갈 뿐.
멀거나 가깝거나 항상 그 크기
마음만 오갈 뿐.
몸 살펴 마음 살펴 과녁을 살펴
쏘아 보낸 화살.
정성이 지극하면 적중 못해도
가까이는 간다.

풍기와 몰기

무겁에 흔들리는 풍기 오방기
바람 흔드나, 깃발이 흔드나.
풍기는 바람 따라 꼬리 흔들고
궁사의 마음, 꼬리 잡고 논다.
쏘는 살 바람따라 구름을 타니
앞 나고 뒤 나, 코 박고 넘는다.

과녁에 모아야 만 접장이 되지
바닥에 모느냐.
서당 개 삼년이면 풍월 하는데
하늘 땅도 몰라.
과녁을 벗어나서 빗나간 화살
어디서 찾는지.
자신의 가운데를 지나갔건 만
갈대숲만 보네.

사범과 한량

절묘한 백발백중 터득한 후에
가르치는 것을.
접장도 못되면서 신사 가르쳐
배 놔라 감 놔라.
십년이 지나가도 아닌 건 아냐
입으로 활 쏘나.

급제는 못하지만 놀기는 잘해
무겁, 거기, 장족.
활터의 감초 역할 제대로 하면
사랑받는 자리.
앞자리 먼저 선다 서로 다투다
갈라서는 소인.

양유기의 천양지기

楚나라 養由基의 穿楊之技는 전설로 남았다.
百步앞 버드나무 이파리 하나 쏘는 대로 맞아.
화살을 시위에다 걸기만 해도 원숭이가 우네.

---

* 양유기:중국 초나라의 명궁.
* 穿楊之技:버들잎을 뚫는 기술.

이광의 중석몰촉

漢나라 李廣장군 풀 속의 바위 호랑이로 착각.
발시한 화살촉이 바위에 꽂혀 유명해 졌지만.
또다시 쏘아보니 박히지 않아 묘법을 알았다.
한곳에 집중하는 마음 하나가 바위를 뚫는다.

---

* 이광 : 중국 한나라의 장군.
* 中石沒鏃 : 화살이 바위에 박히다.

감승과 비위

甘蠅은 飛衛 스승 중국의 명궁 삼대를 이으니.
시위에 손을 대면 달리던 짐승 풀숲에 숨었고.
나는 새 내려 앉아 몸을 숨기고 숨죽여 운다네.

* 감승, 비위, 기창 : 중국의 명궁 사제간임.
* 貫虱之技 : 이를 관통하는 기술.

비위와 기창

紀昌은 飛衛 제자 스승 도모해 일인자가 되려.
아내의 베틀 밑에 들어 누워서 눈 깜박 안하기.
말총에 이를 묶어 창가에 걸고 미물 크게 보기.
5년이 지난 후에 궁술을 익혀 신궁이 되었네.

* 臥觀織造 : 베틀 밑에서 북통을 보다.

후예사일

열 개의 해가 뜨니 밤낮이 없어 만물이 시들어.
천제가 말하기를 땅에 내려가 백성을 도우라.
후예는 명을 받고 항아와 같이 지상에 내려와.
아홉 개 해를 쏘아 떨어뜨리고 한 개를 남기니.
후예의 활솜씨에 되찾은 평온 나라를 지켰네.

---

* 후예 : 후궁국의 군주로 명사수 이었다.
* 后羿射日 : 후예가 태양을 쏘다.

천하명궁

신묘한 기술들을 익히고 나니 대적할 자 없어.
스승을 도모하여 일인자 되려 대결을 하였다.
서로가 마주보고 쏘는 화살은 중간에 마주쳐.
마지막 화살까지 쏘았었지만 승부가 않나 자.
두 사람 활던지고 붙잡고 울며 명세를 하기를.
궁술은 남들에게 가르쳐서는 안 되는 일이다.

4. 정사론

바른 길 무시하고 혼자서 익힌 버릇없는 궁사.
나가고 물러남이 예에 어긋나 눈총을 받는다.

머리를 숙이거나 뒤로 젖혀져
턱 끝 내밀고, 오므리는 자세.
가슴은 앞쪽으로 버스러지고
등짝 젖혀져, 구부러진 허리.
앞으로 넘어지고 뒤로 자빠져
들어난 볼기, 힘 빠진 양 다리.
부실한 비정비팔 흔드는 줌손
겨냥 못하고, 빨리도 쏘는가.

빰 맞고 팔뚝 맞고 활병이 들어 이도 저도 못해.
접장이 되기도 전 궁시 탓하고 활 접고 갔다네.

정사론 -1

천지가 바로서니 삼황이 나고
황제도 펼치니.
나라를 나누어서 다스림으로
문무가 생겼다.
유명한 현사들의 글귀와 도서
남아서 전해도.
무사들 묘한 기술 전하지 않아
형적이 없구나.
뽕나무 활 만들고 화살을 깎아
위엄을 세우고.
화살을 쏘는 예로 제후를 뽑아
나라 다스리니.
군자의 도가 되고 국가의 간성
키우는 법이다.

정사론 -2

활쏘기 기본도는 정심과 정기
자신을 아는 것.
용모와 태도로서 덕성을 보아
제후를 뽑았다.
줌손을 높이 드는 전거정원은
인의를 깨닫고.
깍짓손 깊이 끄는 후거집방은
예지를 깨달아.
향,음,사, 주례의 도, 예가 악 되니
악은 사가 된다.

정사론 -3

천지인 세 가지를 한 몸에 지닌
인간은 소우주.
머리는 하늘이요 땅은 두 다리
합하여 하나다.
좌우의 팔에 있는 세 개의 마디
죽지, 굼치, 손목.
활채의 구조와도 같은 이치라
3절이라하고.
굽었다 펴는 것이 활과 같아서
3동이라 한다.

정사론 -4

과녁을 마주보는 열 가지 마음
한결 같이 있어.
마음을 바로 잡아 관을 세우면
도를 얻는 거다.

심성을 지켜내고 바르게 보는
굳은 맘, 바른 맘.
살피고 짐작하여 견주어 보는
관심, 점심, 복심.
줌손과 각지손을 밀고 당기는
싣는 맘, 참는 맘.

묘함을 얻는 것은 각자의 마음
의지로 구할 뿐.

정사론 -5

궁후로 3년 공부 정궁을 쏘니
옛 사람들 법도.
무과에 나올 때는 정궁을 쏘아
등힘을 기르고.
급제를 한 다음엔 유엽전, 편전
기교를 익혔다.
정궁의 재주 안고 철전의 위력
두루 갖춘 이들.
위무는 동서남북 사해에 퍼져
국가 간성 되고.
문무를 병용하는 재주 더하면
나라 기둥뿌리.

정사론 -6

정궁의 도를 잡아 이치를 알고
깨우치는 궁술.
양 팔뚝 힘없이도 마디로 구해
거궁을 하는 법.
팔꿈치 세워주면 힘줄이 서서
힘이 없는 마디.
세력이 없어지면 만작이 안 돼
끝판이 어렵고.
응하면 고정되고 자리를 잡아
중도에 가깝다.

정사론 -7

버들잎 관통하는 천양의 기예
미발이 도이며.
작은 것 크게 보는 관슬의 묘기
정성이 도이다.
풍우가 몰아쳐도 어두워 져도
일획을 습하니.
백번을 당김에도 항상 그 자리
알아차린 신기.
쏘아도 쏘는 것이 아닌 것처럼
안 쏘고 쏘는 법.

정사론 -8

가벼운 활채로서 과녁만 보니
반 재주만 남아.
용체는 예를 떠나 악도 모르니
만년 한량이지.
배우고 익히는 길 정법 모르면
도달하지 못해.
마음만 조급해져 달음질 쳐도
멀어지는 궁도.
눈으로 보는 것은 욕심만 늘어
활병이 들어도.
스스로 돌아보아 알아차리는
방도가 없구나.

정사론 -9

선 모양 덕스럽고 머리 모양을
똑바로 세우니.
얼굴빛 장엄하고 보는 눈빛은
단정만 하구나.
정기의 활쏘기는 상체를 세워
밑동을 지켜야.
굳세게 목을 빼어 모를 실하게
앞뒤를 지킬 뿐.
힘으로 구함 없이 편하게 되면
저절로 얻는 것.

정사론 -10

실하다 하는 것은 기울지 않고
망월이 되는 것.
형태는 변치 않고 덕을 이어서
언덕과 같은 것.
허하다 하는 것은 힘이 약해서
정원 할 수 없어.
후집이 되지 않아 흔들 거려서
딸려 나가는 것.
앞손이 약해지니 뒤가 강하고
앞 세게 하니, 뒤가 약해지네.

정사론 -11

전거도 하나이고 후집도 하나
선사는 하나다.
좌우도 하나이고 상하도 하나
동작이 일직 해.
줌통을 미는 것도 깍지 빼는 것
일자로 빠지니.
화살이 나가는 것 자세까지도
일자아님 없다.

정사론 -12

신사로 입정하여 3년 지나야
신자를 면하니.
5년은 지나야만 도에 들어서
구사자라 하네.
10년은 넘어서야 판을 지우니
살판이라 해도.
10년이 지나서도 명예 없으면
어찌 궁사인가.

정사론 -13

화살의 발걸음은 갈 곳을 몰라
갈피를 못 잡아.
부르르 떨리면서 허공을 나니
느리기만 하네.
살걸음 빠른 것은 왼구비 날아
과녁에 달해도.
살걸음 느린 것은 반구비 돌아
영축만 생기네.

정사론 -14

앞손이 높아지면 뒤는 낮아져
겨드랑이 짧아.
허리가 비뚤어져 바르지 않아
활채 무너진다.
몸뚱이 돌아서면 얼굴 토라져
코마저 비뚤어.
눈까지 사팔 뜨기 흘겨서 보면
맞힐 수가 없다.

정사론 -15

마땅한 활을 골라 사를 논하고
궁도를 깨칠 때.
지선한 스승님과 지성한 제자
있기에 가능해.
배우고 익히어서 결실 이루니
즐거운 일이다.
활보다 더한 것이 없다고 믿어
무아에 이르니.
일가를 이루어서 도와 통하여
경지에 달한다.
앉으나 서있으나 쏘나 안 쏘나
유유자적 할 뿐.

정사론 -16

몸뚱이 헌칠하고 날센 사람들
하는 거동 보소.
사지는 펴였는지 행동 바른지
알고나 하는가.
시위는 빰을 치고 귀 걱정하니
날로 병이 깊어.
요행이 잘 쏘다가 다시 그 자리
언제 알게 될까.
스스로 그러한 것 누굴 탓하나
반성할 뿐이다.

정사론 -17

날줄이 바로서고 씨줄 발라야
직물을 짜듯이.
줌손과 각지손이 바르게 서야
화살이 바르다.
맞히지 못 하고도 틀린 것 알면
이루는 길이요.
맞히지 못한 것을 근심만 하면
무너진 길이다.

정사론 -18

결사의 미묘함은 줌손과 각지
놀음에 있나니.
줌손의 공고함은 삼지에 있어
아귀놀음이요.
각지의 미묘함은 이지에 있어
손끝 놀음 이다.
서로가 한 몸이듯 밀고 당기며
같이 놀아야지.
잘 낫다 힘이 좋다 앞에 나서면
깨지는 놀이판.

정사론 -19

얼굴과 몸뚱이는 활쏘기의 나
팔마딘 남이다.
남 먼저 나 따르면 활쏘기의 법
제대로 가는 살.
나 먼저 남 따르면 잘 못된 사법
빗나가는 화살.
나 먼저 바로서야 남도 바로서
도가 세워 진다.
남들이 바로 서도 내가 비뚤면
도가 무너진다.

정사론 -20

前擧正圓(전거정원)
줌손을 들어 올려 줌통을 미니
팔뚝 둥글고, 활채도 둥글어.
하늘에 기를 받아 인의에 접해
날줄이 되었네.

後擧執方(후거집방)
각지손 높이 들어 끌어당기니
팔뚝 모나고, 시위도 각이 져.
대지에 부합하여 예지에 접해
씨줄이 되었네.

矢中載心(시중재심)
시위에 살을 올려 날려 보내니
곧게 뻗는 힘, 바르게 서는 맘.
쏘는 이 마음 따라 믿음에 접해
북통이 되었다.

정사론(正射論)

달처럼 끌어 당겨 유성 흐르듯
쏠 수가 있을 때.
멀어도 가까워도 소통을 하니
묘한 사예 도, 어찌 알겠는가.
맞추려 애를 쓰면 피해서 가고
무심코 쏴도, 적중을 하나니.
쏘아도 쏘는 것이 아님을 알면
묘한 사예 도, 눈을 뜨게 될까.

---

* 장언식의 정사론 중요 부분만 발췌함.

羿之敎人射 必志於彀 學者亦必志於彀

大匠誨人必而規矩 學者亦必規矩

남에게 활쏘기를 가르칠 때에 명심할 사항은.

충분히 당기는데 마음 쓰도록 격려를 해주고.

배우는 사람 역시 활 당기기에 진심을 다 한다.

목수가 다른 사람 가르칠 때는 규구를 가지고.

배우는 사람 역시 규구를 통해 배우는 법이다.

– 孟子 告子章句 上

제5부

한양골 편사놀이

伯昏無人日
是射之射, 非不射之射也。嘗與汝登高山, 履危石, 臨百仞之淵, 若能射乎
夫至人者, 上闚青天, 下潛黃泉, 揮斥八極, 神氣不變。
今汝怵然有恂目之志, 爾於中也殆矣夫!
활쏘길 의식하고 활을 쏜다면
초월한 활쏘기, 미치지 못한다.
높은 산 올라가서 벼랑끝에서 위태롭게 서서.
백길의 깊은 연못 내려다 보고 활 쏠 수 있는가?
위로는 푸른 창공 아래는 황천 내려다 보고서.
팔방의 끝자리로 날아다녀도 변함 없는 신기.
두려워 벌벌 떠는 눈을 하고서
관중 하는 것, 어려울 것이다.

- 田子方 9章

제5부 한양골 편사놀이

1. 서(序)

““야수를 수렵하야 고기를 먹고 가죽은 옷으로, 그 뼈는 도구로, 사용하던 시절. 창이나 칼날 보다 강한 무기는 궁시 이였으며. 인류의 생존 경쟁 치열 할수록 더 강한 무기 필요로 했지만, 최종 병기였다. 부락이 다른 부락 침습(侵襲) 할 때나 타국을 칠 때는, 최강 무기였고. 총포가 나오기 전 활과 화살은 자신을 지키는, 필수 도구였다.”

환(桓)국의 7대 환인 이어온 나라 삼천삼백일 년.
안파견 뒤를 이어 혁서, 고시리, 주우영, 석제임,
구을리, 지위리.
중국의 삼황오제 같은 시기에 동북방의 주인.

아사달 신시배달 18대 환웅 천오백년 역사.
거발한 초대 환웅 거불리 환웅, 우야고, 모사리,
태우의, 다의발, 안부린, 거야발, 주무신, 사와리,
자오지, 치맥록, 축다리, 혁다세, 거린, 양운, 갈고,
마지막 거불단.

하늘의 한인천왕 자식 뜻 따라 내린 삼위태백.
천부인 세 개 받아 무리 삼천 명 이끌고 내려와.
태백산 신단수에 신시를 열고 새롭게 다스려.
인간의 삼백예순 고뇌를 푸는 풍백(風伯) 우사(雨師), 운사(雲師).
만백성 존경 받아 동방 새나라 고조선 세웠다.

미개한 종족들도 이롭게 하니 환웅을 존경해.

곰과 범 찾아와서 사람 되기를 간절히 청하니.
마늘과 쑥잎으로 삼칠일 견뎌 새 사람 된 웅녀.
환웅과 결혼하여 자식 얻으니 단군왕검이라.
하늘 손 단군왕검 47대 이어 지켜온 이 천년.
어디에 묻힌 줄을 찾지를 못해 잃어버린 역사,
신화가 되었네.

활과 화살

"고조선 시대부터 맥을 이어온 단궁(檀弓), 맥궁(貊弓), 석노(石弩). 지금도 남아있는 삼천리 방곡 타제(打製) 마제(磨製) 석촉(石鏃). 나라의 흥망성쇠 갈림길에서 승패를 가르던. 반만년 역사 속에 전해져 오는 우리의 전통활. 길이는 짧았지만 강력한 힘은 당할 자 없었다. 자신을 지켜내고 상대 떨게 한 태양 손(孫) 자부심. 이웃의 나라들이 두려워하고 욕심내던 무기. 화살이 무서워서 침범을 못한 중원의 나라들. 역사의 사실들을 위지(魏志) 동이전(東夷傳) 전해주고 있다."

세상엔 활도 많고 살도 많지만 우리 활이 최고.
대나무 물소 뿔에 쇠심줄 까지 비밀 병기 각궁.
부리면 온달이요 올리면 반달 모두가 욕심내.
총포가 나오기 전 최강의 무기 나라를 지켰지.

고구려 동명성왕, 백제 온조왕, 신라의 김유신.
모두가 활 잘 쏘는 우리의 조상 나라를 세우고.
고려의 역대 임금, 태조 이성계 그 뒤를 이어서.
왜구를 물리치고 육진을 지킨 조선의 명장들.
이순신 최영장군 남이 김종서 나라 구한 명궁.

지금도 후손들은 세계무대에 나라를 빛낸다.

활활활 타오르는 불이 활이요 태양이 활이라.
살살살 빛살 햇살 뾰족한 끝은 심장을 겨누니.
착한 맘 활이 되고 화살이 되어 물리친 악한 맘.
나가자 어아어아 햇빛 전사여 나라를 위하여.

활의 종류

"기록에 남아있는 조선의 활들 그 내력을 보면. 부여와 옥저, 숙신, 민족의 궁시(弓矢) 집집마다 있고. 남쪽의 삼한지역 주 무기 역시 활과 화살이라. 정량궁, 목궁, 예궁, 철태궁, 철궁, 최강의 각궁, 고. 시대가 변천하야 새로운 무기 들어옴에 따라. 각궁만 남아 있고 다른 활들은 무용지물이라. 이름만 전해질뿐 실물 없으니 애석할 뿐이다."

정량궁 큰활이라 폭1치 네 푼 길이 다섯 자 반.
각궁과 비슷해도 힘이 강하여 서서 쏘지 못해.
앞으로 나아가며 반동을 줄여 쏘는 활이었다.

예궁의 본 이름은 대궁이었고 길이가 여섯 자.
궁중의 향음주례, 연사, 대사례 행사에 쏘는 활.
동개활 작은 활로 활과 화살을 동개에 넣어서.
등 뒤에 걸머지고 말을 달리며 날리는 전투 활.

목궁의 다른 이름 호(弧)라고 하며 제조가 간단해.
애기찌, 산뽕나무 두 가지 재료 만드는 나무 활.
무쇠로 만든 철궁(鐵弓), 복합 철태궁(鐵胎弓)
강력한 무쇠 활.

각궁의 다른 이름 후궁과 장궁 7재로 만든 활.
줌통을 중심으로 대림끝 지나 양끝 양냥고자.
먼오금 밧흔 오금 한오금까지 첫 번째 고비길.
삼삼이 후궁뽈끝 창밑 쟁탈목 양 날개를 펴여.
출전피 화피단장 도고자 붙여 시위 거는 심고.

화살의 종류

"활, 살은 조선 고어 계림유사(鷄林類事)에 설명을 해주고. 화살의 종류에는 8가지 있어 종류가 많았다. 동개살 목전, 철전, 유엽전, 편전, 예전, 세전, 군전. 그 중에 남은 것은 유엽전 하나 실전된 유물들. 중국의 지역마다 이름 달라도 시(矢), 촉(鏃), 전(箭). 같은 뜻."

목전은 나무 살로 무게는 8전, 무과 초시, 복시.
과녁을 세워놓고 보사(步射)를 하고 3발을 쏘았고.
철전(鐵箭)은 3가지라 아량전, 장전, 6량전 있었고.
80보 거리에서 3발을 쏘고 화살 무게 6량.

예전은 대궁승시 길이는 3자 멋을 부린 화살.
대사례 향음주례 궁중의 연사 4발을 쏘았다.
편전은 애기살로 길이는 8치 멀리 가는 화살.
천보(千步)를 능히 가고 철갑을 뚫어 두려워하였다.

세전은 가는 대살 적진에 쏘아 편지 전하는 살.
동개살 주머니에 넣고 다니며, 말 타고 쏘는 살.
유엽전 무게 8전 5개를 사용, 각궁에 쓰는 살.
대나무 광대싸리 7가지 재료, 온의, 꿩깃, 정철.

사정의 유래

"고려 말 선종8년 호부(戶部) 남랑(남廊)에 사장을 만들어. 군졸과 백성들이 활 쏘게 하니 사정의 유래라. 나라의 도성 내에 활터를 만든 시초가 되었다. 조선조 태조임금 한양 정도(定都)시, 도성의 동편에, 교장을 설하고. 태종이 사정 세워 무과를 보아 무사와 군졸들, 활터로 정했다. 조선조 인조 때는 무과 시험장, 1소는 훈련원, 2소는 모화관. 창경궁 후원에는 춘당대 두고 열무(閱武)와 시사(試射), 친사(親射)도 하였다.

경복궁 준공되던 고종5년에 경무대를 설치. 조총에 잃어버린 민족 자긍심 되찾기 위하여. 지방의 여러 곳엔 장대, 연무대, 강무, 습사 장소. 민간의 사정들은 임란 끝난 후 번성하였는데. 조선조 선조대왕 상무심 고취, 무과 진흥코져. 경복궁 동장 안에 오운정 건설, 민간인에 개방. 누구나 습사하게 장려를 하여 사정이 생겼다. 오운정 뒤를 이은 도성 안팎의 사정을 보며는."

웃대의 백호정과 아래 석호정, 새문밖 로지사,
광교의 궁벽정.
백호정 뒤를 이은 풍소, 등룡정, 등과정, 운룡정,
대송, 쌍벽, 동락.
아래대 네 터에는 석호, 좌룡정, 하룡정. 이화정.

남촌의 상선대와 삼문교 너머 세송정, 왜장대,
청룡정, 읍배당.
북촌에 자리 잡은 일가정 주변 흥무정, 취운정.
서촌에 리화정과 동촌에 있던 율목정, 사반정.
경희궁 안에 있는 경운정 까지 도성안의 사정.

일제의 말살정책 구습의 소멸 쇠퇴하였다가.
조선말 광무3년 황학정 재건 동문밖 청룡정.

남촌에 석호정, 한강에 남덕정, 서문박 서호정,
북촌에 일가정, 마포에 화수정, 광희문 무학정.
중흥의 시발점.

2. 편사

"궁술이 성행하니 사원도 늘고 사정도 번창해, 한량의 활 솜씨는 나날이 늘어 쏠 때마다 관중. 습사에 만족 못해 타정 사원과 겨누고 싶은 맘. 정끼리 시합하여 승패 가르니 편사가 되었다. 편사는 무사들의 활쏘기 시합 유희라 할지니. 규모는 정제하고 예절은 장중, 의이 엄숙한 고래의 풍속도.

양편은 15인씩 선수를 선발 3순을 쏘아서. 시수를 합산하여 이기고 짐을 결정하였도다. 편사는 성질 따라 세 가지 종류 구분을 하나니. 터편사, 장안편사, 한양 골편사, 각종 정식 편사. 변칙된 편사로는 샤랑편사, 사계편사, 한출편사, 삼동편사, 남북촌 편사, 격외 아동편사. 조선의 곳곳에서 대회를 하고 잔치를 벌였다."

사정과 사정들이 편을 나누는 갑을정 터편사.
구역과 구역 사이 연합팀 경기 남북촌 골편사.
성안과 성 밖 팀을 세 구역 나눈 한성 장안편사.
지금도 이어지는 활터의 문화 이어야 할 전통.

편사의 준비

"발기(發起)한 사정에서 다른 사정에 선단(宣單)을 보낼 때. 선발한 사원 두명 단자를 갖고 사정 찾아가서. 공손히 인사하고 전달한 후에 안부를 전하면. 사정의 한량 들이"쉬어가라" 권할 지라도 공손히 사양코. 간다고 인사하며 작별을 하고 돌아서 오도다.

단자를 받은 사정 사원 없거나 사세 곤란하면. 반드시 삼일 안에 방단 보낼 때 앞과 같이 하니. 두 명의 한량 선발 단자를 갖고 선단정을 방문. 행동은 선단 사정 예의와 절차 따라서 하였다 .

사정이 응사코자 진행 할 때는 사두 승낙 얻어. 연조가 오래되고 지위가 높고 물망 정중한 이. 수띠로 선정하고 승낙 청하여 허락을 받아서. 편사의 진행 일체 수띠가 전임 준비하였도다."

초중회

수띠의 명을 따라 초중회 날짜 발령하게 되면.
정해진 날짜에는 전 사원 모여 의견을 나누고.
사정기 시지 장족(獐足), 과녁과 획관(獲寬),
획창(獲唱), 거기(擧旗), 기생.
하나도 빠짐없이 점검을 하고 서로 일을 나눠.
편사를 실행하듯 삼순(三巡)을 쏘아
우열을 가린다.

재중회

날짜가 정해지면 사원들 모여 초중회와 같이.
획관과 획창인원 지정한 다음 실전 같이 연습.
선단한 사정으로 응단 보낼 때 예의 맞게 하니.
단자 끝 빼지 말 것 사두와 행수 성명을 쓰는 것.

선정된 두 사람이 선단한 사정 방문을 할 때에.
절차를 따라하되 읍양과 언행 엄정해야 하며.

응단을 받는 사정 지위 높은 이 의관 정제하고.
영접과 송별 절차 엄숙 정중히 예의를 갖춘다.
대중회 날짜 정해 통지 할 적에 3일 안에 하며.
이것을 말하기를 지일단자(指日單子)라,
격식을 따른다.

삼중회

단자를 받은 정은 수띠가 정한 날짜에 따라서.
초중회 같이하여 3순을 쏘고 결과를 보아서.
수띠를 제외하고 사원 14인 공정하게 선발.
초, 재, 삼 중회 중에 시수가 많고 궁체 좋은 사원.
시지의 성명 위에 타점을 하여, 결정을 하였다.

선수가 정해지면 입격된 선수 주의를 시키니.
술 먹지 아니할 것, 몸가짐 주의 기웃대지 말고.
활 쏠 때 말하거나 웃지도 말고. 마음을 편하게.
일호도 급조 말고 집궁과 방전 궁체법식 따라.
충분히 명심하고 소홀치 말라 지도 명령 하고.
사원의 명심사항 선찰지형(先察地形), 후관풍세(後觀風勢), 전추태산(前推泰山), 후악호미(後握虎尾), 비정비팔(非正非八), 흉허복실(胸虛腹實), 발이부중(發而不中), 반구제기(反求諸己), 잊지 않도록 교육을 시킨다.

활 쏘는 자세

“똑바른 자세로서 과녁을 향해 정면으로 서서. 두발은 비정비팔, 정자도 아닌, 팔자도 아닌, 모양으로 벌려. 좌우의 아래 끝은 앞을 향하고 체중을 두발에 고르게 싣는다. 불거름 팽팽하고, 가슴통은 비어야 하며 버스러지고 배어선 안 된다. 턱 끝은 죽머리에 가까이 묻되 들리지 않고, 돌리지 않는다. 목덜미 팽팽하게 늘릴 것이오, 오므리거나 구부리지 말 것. 줌손은 하삼지를 흘려서 쥐고, 반바닥과 등힘, 앞쪽으로 밀며. 범아귀 다물리고 북전은 높고 엄지는 낮춘다. 당기는 각지 손은 다섯 손가락 다 모아서 쥐고. 중구미 등힘으로 시위를 당겨 힘차게 보낸다. 죽머리 턱밑에다 바짝 붙이고 떨어지지 않게. 중구미 필히 엎어 붕어죽이나 앉은죽 같이 되지 않게 한다. 등힘은 팽팽하게 일직선으로 밀어야 하며, 줌손이 꺾이면, 힘쓰지 못한다.”

고사 지내기

“대중회 하루 전날 사원들 모아 제사를 지내니. 제물은 청주, 과일, 찹쌀시루떡, 쇠나 돼지머리, 간단히 진설해. 촉대에 밀초 한 쌍 낮에도 켜고 제관을 선정해, 과녁제 지낸다.

촛대에 불을 켜고 향에 불붙여 하늘에 고하고. 따른 술 세 번 나눠 모사에 부어 지신에 고한다.(降神) 전 사원 제상 앞에 나란히 서서 공손히 절한다.(參神) 사두가 술 올리고 수저를 놓고 두 번 절을 하고.(初獻) 준비한 제사축문 낭독을 하여 신들에 고한다.(讀祝) 부사두 술 올리고 두 번 절하고 물러서 나오면.(亞獻) 사범이 술 올리고 두 번 절하고 물러서 나모면.(終獻) 올리고 싶은 사원 술을 올리고 2배를 끝내면.(獻爵) 전 사원 모두모여 두 번 절하고 신들을 보낸다.(辭神)”

축문

유세차(維歲次) 개천 단기 4343년 11월 11일.
영학정 사원 대표 사두 000 삼가 과녁 신, 선배 궁신께 심고하나이다. 고조선 시대부터 우리 민족의 주 무기 활 살은. 우리의 조상들과 함께하였고 외적을 막아내. 민족을 지켜오는 자존심 인 것 알고 있음니다.
그 뿐만 아니라 활쏘기로 몸과 마음을 수련하고 있고. 나라를 사랑하는 마음을 길러 서로 존경하고. 서로가 화합하는 풍속 기르는 민족의 위대한 전통무예로서. 환국의 개국정신 마음에 새겨 후세에 전하고. 생활의 지표로서 모든 사원이 지키려 합니다.
활터를 지키시고 빛내어 주는 과녁신이시어!
과녁의 한가운데 붉은 태양은 밝음을 지키며. 환하고 아름다운 문화를 만든 태양손 후손들. 찬란한 새 문명을 창조하면서 함께 살아가는. 우리들 선조의 뜻 담겨져 있는 표상이 되었다.
대회를 준비하는 모든 궁사들, 가정의 편안, 활터의 안전, 깊이 기원하며. 궁사들 기량 늘어 대중회에서 우리 활터가 좋은 성적을 거둘 수 있기를, 간절히 바라며. 간단한 제물과 맑은 술을 정성을 다해 올려 드리니 흠향하시고 감응하옵소서.

"고사를 지낸 후에 소지 백지를 16장을 준비. 한 장은 부정소지 한 장은 수띠, 나머지 14장, 대표 선수 소지, 태워서 날리고. 제사가 끝난 후에 사원 한사람 시지 펼쳐 놓고. 획창을 세 번하여 복창을 하고 고사를 마친다. 제물은 사원들이 음복을 하고 나누어 먹었고. 밀초는 사원들의 밀피용으로 쓰게 하였도다."

3. 한양 골편사

"장안의 한량 궁사 한곳에 모여 활쏘기 하는 날. 오방기(五方旗) 펄럭이는 무과시험장 풍악소리 높고. 기생들 획창소리 동네 구경꾼 구름 같이 모여. 자기편 응원한다, 흥겨운 한 판 그 속을 가보니. 조선말 고종황제 궁술 지키려 황학정을 세워. 저마다 쏘게 하니 사정의 시초 전국에 퍼지고. 해마다 기량 겨눠 시합을 하니 한양 골편사라. 그 뜻을 이어받아 남촌과 북촌 다투며 논다네."

시작도 끝도 없는 암흑의 세계 빛으로 문을 연.
환 나라 배달조선 북부여 땅에 고구려, 대진국.
동이의 맥을 이은 한반도 신라 고려, 조선, 대한.
넓은 땅 아사달은 두고 왔지만 정신은 살아서.
천인지 삼신 상제 모시고 사는 큰활 족 후손들.

대중회

"각 정이 집합하여 활 쏘는 날을 대중회라 하니. 청단한 사정에선 타 정을 빌어 준비를 하는데. 도청을 설비하고, 무겁 주변을 소제, 수축하고. 과녁을 성적하고, 소두교자와 파교자를 준비. 한 낮이 저물 때는 화구, 등궐도 준비를 하였다.

응시한 사정들은 천막을 치고 자리를 잡아서. 장설과 시지와 붓, 벼루와 인주 일체 준비하야. 당일엔 일찌감치 자기 천막에 사원 보낼 때는. 응사원 15인과 도청 참석할 사람을 뽑는다. 유수한 년기 높고 활 쏜 지 오랜 사람 2,3

인과. 회관과 거기, 장족, 사원을 챙겨 빠짐 없이하고. 사정기 앞세우고 천막에 도착 자리를 잡고서. 가져온 사정기를 천막의 밖에 꽂아서 놓는다. 천막에 꽂은 기는 수띠가 온 것 알리는 것이다.”

안양천 영학정에 벚꽃도 한창 아기장 흥청
벌 나비 불러, 함께 춤을 추네.
지화자 지화지화 얼씨구 좋네 절시구 좋구나.
춘 삼월 호시절에 꽃도 바람도 흥겨워 춤춘다.

우장산 공항정에 우거진 수풀 아기장 흥청
늘어진 버들, 바람 따라 흔들.
지화자 지화지화 얼씨구 좋네 절시구 좋구나.
오뉴월 푸르름에 매미소리도 풍악처럼 운다.

길놀이

“상대편 한량들이 도착할 즈음 주최한 한량들, 편장을 앞세워. 풍악을 울리면서 정기를 들고 문밖에 나아가, 도착한 한량들과 수인사 하고 길놀이 하는 데. 편사기 각골 편기 정기를 들고 4열로 줄을 서, 악단과 기생을, 앞줄에 세우고. 향피리 대금 소금, 장구채 북채 길 군악 연주로. 꽹과리 나팔소리 징소리 까지 어깨춤 절로나. 한바탕 놀이마당 잔치 알리고 사정에 들어와, 줄을 지어 선다.”

마누라 옆에 두고 활 끼고 자는 한심한 한량아.
이 밤이 새고 나면 벌터질하러 달려 나가겠지.
마음에 드는 활이 부러지며 는 자식 잃은 심정.
훔쳐온 과녁 두고 큰 소리 치네, 다 몰면 가져가.

임금님 뺨도 치니 아래 것 팔뚝 맞아야 활이지.
여자가 이고가야 편사 이기지 지고가면 진다.
사계를 들어야만 장가를 가지 투전판에 돌아.
과녁이 이마 앞에 바로 서야지 틀어지면 허당.
석양에 줌손 들기 삼정승 보다 하기가 어려워.
궁시가 반 재주라 활도 화살도 궁합이 맞아야.

영접

"사정에 도착하여 신고를 하면 본정의 사원들 모두 다 나와서 인사를 나눈다. 정안에 들어가서 공손한 자세 수띠에 절하고. 전갈을 기다린다 말하고 나서 자정에 돌아와 기다린 다음에. 본정의 전갈 오면 수띠와 같이 2,3인 대동 사정안으로 들어가게 된다."

활 지어 가지 걸고 옷 벗어 임께, 돌베개 베고
자리에 누우니.
솔바람 거문고요 두견이 노래 멀리서 들리네.
아마도 이 산중에 신선이라도 나같이 살겠지,
이보다 더할까.

좌부침상

"간단한 상견례와 의식 끝난 후 사원들 모두가 제자리로 가고. 편장과 수띠, 사두, 초배상 앉아 조찬을 들고 기생들 권주가, 술잔을 나눈다. 기생들 권주가에 흥을 돋우니 분위기 따라서, 한 순배 돌리고. 잡가와 경기민요 장구 소리에 한량들 흥나고. 구경꾼도 한판. 놀이판 벌인다."

인왕산 황학정에 단풍도 한창 아기장 흥청
때 만난 국화, 향기만 풍기네.
지화자 지화지화 얼씨구 좋네 절시구 좋구나.
구시월 둥근달이 동산에 뜨니 풍년가 울린다.

관악산 관악정에 하얀 눈 싸여 아기장 흥청
늘 푸른 청솔, 눈을 이고 산다.
지화자 지화지화 얼씨구 좋네 절시구 좋구나.
동짓달 찬바람도 푸른 솔 절개 꺾지를 못하네.

종띠 체계 기생 큰절

"양편의 종띠들은 편사 나가는 한량들의 명단. 시지에 적어 넣고 활과 화살을 높이 들어올려, 체계 올립니다. 큰절로 예를 하고 거안제미로 편장께 올린다. 획관은 종띠에게 시지를 받아 편장에 전하면. 시지를 확인 하고 되돌려주며 격려를 한 후에. 기생도 편장에게 큰 절을 하여 예의를 표한다. 종띠와 기생들의 큰절을 받은 각 정의 편장은. 종띠와 기생에게 격려금 내려 수고 부탁 하면. 악사와 기생들은 타령을 연주 흥을 돋게 한다."

산천아 물어보자 영웅호걸 죽은 무덤이 몇몇이나 되며.
절세의 가인들이 죽은 무덤이 몇몇이나 되냐.
에에헤 에에헤야 아하미 타불 나무아미타불.

서산에 지는 해는 내일 아침에 다시 돋건마는.
한번 간 인생들은 다시 못 오니 야속도 하구나.
에에헤 에에헤야 아하미 타불 나무아미타불.

"각 정이 도청 안에 회집을 하면 주안상을 차려. 서로가 술 한 잔을 서로 권하여 분위기 돋우고. 교자를 물린 후에 편사할 사원 이름 쓴 초시지. 모아서 제출하면 서로가 살펴 잘못이 없으면. 각 정의 사원들이 습사하기를 허락하고 나서. 본정의 사원 1인 앞에 나서서 목소리 높여서 각 정의 사습사원 들어오시오, 전갈을 받으면. 차례로 한 순씩을 쏘고 난 뒤에 정순 시작한다."

어젯밤 꿈 좋더니 그 임에게서 편지가 왔구나.
그 편지 받아다가 가슴 안으니 무겁기만 하네.
편지지 한 장이야 무겁겠나만 가슴만 답답,
못살 것만 같네.

무겁 대기 가름

"정순이 진행 되면 본정 사원이 사정 앞에 나서. 길고 높은 소리. "각 정의 획관 획창, 거기와 장족 들어오라"하면. 각 정의 거기들이 도청 앞에서 깃발을 세우고 나란히 줄 선다. 획관은 도청 안에 정시지를 들여 놓으며 사원들 성명과 정당한 직함과 품수를 표한다. 획관은 붓, 먹, 벼루, 인주를 준비 도청 당중에서 서로 대면하여 늘어서 앉으며, 각 정은 서로 바꿔 획관을 하여 공정을 기한다. 본정의 사원 1인 앞에 나와서 "거기 나가시오" 큰 소리 알리면. 기를 든 사원들은 용맹한 기상, 경주 하듯이, 무겁에 나가서. 서로가 다투어서 무겁에 서서 깃발을 좌우로, 세 번을 흔들어, 두르고 지운다. "획창이 큰 소리로 "무겁대기 가르시오" 하고 외치면 고전 시동 대기, 양편에 나뉘어 자리를 잡는다. 팽팽한 긴장감이 무겁에 돌고 승부의 결전장 펼쳐지게 된다."

의관을 정제하고 술을 먹어도 취기가 없을 것.
몸체는 단정하게 가다듬고서 발걸음 천천히.
화살은 군막에서 허리에 차고 사대로 나가며.

좌우를 돌아보고 웃지 않으며 말도 삼가하고.
팔찌동 양보하여 사양을 하며 예의를 지킨다.
자기가 설 자리에 정숙하게 서 정면을 향하고.
기운은 평탄 하고 곁눈질 않고 호흡을 고르며
빈 활을 만지거나 당기지 말고 차례를 기다려.
앞사람 쏜 화살이 떨어진 후에 쏘아야 하는 법.
팔찌동 윗사람이 맞히는 경우 획창이 끝나고,
무겁에 거기들을 지운 다음에 천천히 쏘았다.

종띠받침

"본정의 사원 1인 앞에 나서서 무겁을 향하여. 길고도 높은 소리 정순 나간다. 소리 크게 하면. 각 정의 거기들은 기를 들어서 응답을 한 다음. 기를 지운 후에. 남촌 골 종띠 먼저 활을 쏜 다음 북촌 골 종띠가 이어 활을 쏜다. 종띠가 제일 먼저 활을 쏘는 건 풍세와 지형을, 두루두루 살펴. 편장과 한량에게 풍세와 풍향 지형과 환경 설명을 하여서. 어떻게 쏘아야만 관중하는 지 알려주기 위함. 종띠는 재순부터 마지막 띠에 들어가 쏘는데, 이것을 종띠받침이라고 하며 편사하는 옛 법."

15시(矢) 15중이 평생의 소원 언제 이뤄지나.
오늘도 정심정기 활을 당겨도 빗나가는 화살.
세월은 쏜살같이 흘러가는데 꿈은 멀어지고.
저마다 한마디 씩 운수를 해도 과녁을 벗어나.
턱걸이 막대 일시 속도 모르고 한배 넘어가네.
이서방 관중이오, 획창 한마디 어깨춤이 나고.
지화자 지화지화 좋구나 좋아 기생소리 곱다.

"고전은 쏜 화살이 적중을 하면 좋아 춤을 추며, 놀기도 하는데. 빗나간 화살들은 가리키면서 아쉬운 표정을 짓기도 하였다. 익살을 부리는 건, 보는 사람을 즐겁게 하고 웃음을 주었다. 상대편 고전과는 떨어져 서서 몸짓으로만 자기편 잘 한다. 싸우는 몸짓으로 놀기도 하여 흥을 돋우어 주기도 하였다.

화살이 과녁 안을 맞히게 되면 관중한 부분을 기로 알려주며, 기를 돌려 준다. 대기도 8자 모양 기를 돌리며 획창하는 소리, 함께 춤을 춘다. 획창을 할 때에는 한량의 성씨 직함을 넣어서. 김 한량 관변 하고 큰 소리 하여 모두에 알리면. 기생들 한 목소리 6박자 장단 김 주사 나으리, 일시에 과안중. 소리를 하였고. 남북 촌 종띠들이 차례로 1순 활을 쏘는데 이때의 획창은 김 주사 나으리 2시에도 관중. 지화자 창을 하고 장단에 맞춰 소리를 하였다. 양편의 획관들은 자기편 종띠 적중 부중을 시지에 표했다."

편장 활쏘기

"주최한 사정 사원 앞에 나서서 "월차 말씀 내렸소. 양편의 편장님들 활 쏠 차례니 앉지 마시고 일어나십시오." 큰소리 획창 하여 모두 알려서 사대에 오르면. 양편의 종띠들은 편장이 쏠 때 뒤편에 서서 화살을 하나씩 편장께 전한다. 남촌 골 편장 먼저 활을 쏘아서 관중 하게 되면. 획창을 할 때에는 성씨의 뒤에 위관을 붙여서. 김 위관 관변 하면 기생들 따라 김 위관 영감님 1시에 과안중 소리를 하였다.

다음은 북촌 골의 편장차례로 활을 쏘게 되며. 무겁의 고전들은 관중한 곳에 기로 표해 주고, 기를 돌려 준 후. 편장이 잘 맞추어 고맙다는 뜻 땅바닥 엎드려, 큰절을 하고서, 춤을 추고 놀면. 대기와 연전도 다 함께 놀았다. 각정의 편장들이 한 순씩 쏜 후 편장과 한량들, 기생들과 함께, 사대 밖에 나가 흥겹게 놀았다. 양편의 획관들은 편장 시지에 적중 기록한다. 마지막 다섯 번쨴 관중 안 해도 관중으로 여겨, 지화자 부르고. 악사는 편장 쏠 때 타령을 연주 흥이 나게 한다."

지화자 지화지화 지화자 좋네, 지화자 좋구나.
마음이 흔들리면 활도 화살도 따라서 흔들고.

자세가 틀어지면 시위가 알아 내 빰을 때리네.

지화자 지화지화 지화자 좋네, 지화자 좋구나.
잡생각 하다보면 과녁을 피해 앞 나고 뒤 나고.
욕심을 못 버리면 한량 대 하나 넘는 듯 짧았네.

한량 활쏘기

"장단이 끝이 나면 흔들던 기를 내려놓고 쉰다. 양편의 거기한량 사대 뒤에서 기를 흔들어 자기편 한량을 무겁에 알린다. 양편의 고전들은 기를 들어서 원을 그리며 알았다는 신호 사대에 알리고, 각 편의 한량들이 차례로 서서 한 순 식 쏘았다."

초시(初矢)는 예의의 살 진퇴주선 명확하고
팔지동 순서 장유유서로다.
지화자 지화지화 지화자 좋네, 지화자 좋구나.
이시(二矢)는 아름의 살 선찰지형 후관풍세
풍기를 보고 경험을 전하니
지화자 지화지화 지화자 좋네, 지화자 좋구나.
삼시(三矢)는 의지의 살 남의 말을 따르다간
면불도 못해 자신감 가져라.
지화자 지화지화 지화자 좋네, 지화자 좋구나.
사시(四矢)는 믿음의 살 자기 판단 존중하여
확신을 갖고 흔들리면 안 돼.
지화자 지화지화 지화자 좋네, 지화자 좋구나.
오시(五矢)는 비움의 살 욕심내면 불내는 살
마음을 비워 저절로 나가네.

지화자 지화지화 지화자 좋네, 지화자 좋구나.

풍악과 기생

"풍악과 기생 획창 있는 편사는 기생의 복장은 반드시 큰 머리, 남빛 치마 입고. 2,3인 짝을 지어 어깨를 맞혀 가지런히 서서, 목소리를 같이, 병창을 하였고. 한량의 획창 소리 끝난 다음에 관중의 부분을, 방울 목을 넣어, 획창을 하였다. 획창을 할 때에는 관직 부르고 이름은 빼었다. 국장을 지낸 사람 성이 이가면 이 국장 영감을, 관직이 없는 사원 성을 따라서 이가면 이 서방, 김가면 김 서방 이라고 불렀다.

한량이 변이라고 획창을 하면 관변 구별 없는, 편사의 규 따라. 기생의 획창에는 변이라 하는 창을 하지 않아. 일자 살 오자 살도 맞기만 하면 관중이라 하니. 일자에 관중이면 아모 서방님 일자에 과안중. 이자에 관중하면 아모 서방님 이시에도 관중. 획창을 하였다. 오자도 이와 같이 획창을 하니 옛날 풍속이다. 이것은 쏜 사람을 존중하여서 대접하는 습관. 변 쪽에 맞았어도 관중이라 한 풍속 유전이다.

삼중을 하는 때는 기생의 획창 하고난 다음에. 이어서 지화자를 불러 주는 게 옛날 풍습이다. 전에는 5중에만 부르던 것을 근래에 와서는, 3,4,5 중에도, 불러주고 있다. 이것은 사원들의 쾌활한 흥취 자아내기위해, 부르는 것이다. 앞에서 못 맞히고 5자 맞혀도 지화자 부른다. 한량은 5자대를 귀중히 하는 연고에서 한다. 기생의 획창소리 그친 다음에 풍악을 치나니. 1,2중 할 때에는 장령산 곡조 삼중은 염불곡, 4,5중 할 때에는 타령조 치고 지화자 부를 땐, 타령조를 친다. 풍악의 높은 조와 지화자곡조 서로가 맞아서, 사원의 흥취를, 돋구어 주었다."

지화자 낭자
큰머리 남색치마 어여쁜 낭자 너 댓 무리지어

어깨를 가지런히 줄지어 서서 노래를 하는데
저마다 닦은 기량 화살에 실어 날려 보내지만.
화살은 눈이 없어 앞으로 뒤로 빗나기만 하네.

"초순을 마친 후에 시수를 계산 초순 합시수를. 시지의 초순 합순 아래에 쓰고 재순 삼순도 그와 같이 하여. 초 재 삼 합시수를 계산을 하여 도합 시수에 기록을 하였고. 이것을 가지고서 이기고 진 것 결정을 하였다. 양편의 도합시수 같은 때에는 주최한 사정이 진 것으로 하고. 참가한 사정팀이 이긴 것으로 결정을 하였다. 이러한 풍속에는 주최한 팀이 주인이 되어 참가한 팀을 손님으로 간주. 손님에 양보하여 대접을 하는 사풍에 의한다. 경우에 따라서는 시수 같으면 비교 쏘기 하여, 결정을 하는데. 전 사원 15인이 일순씩 쏘아 승부를 정한다."

관중이냐 부중이냐

맞았다 안 맞았다 다투지 말고 정한대로 하세.
화살이 변을 맞아 나무 조각이 떨어져나가도, 꽂혔으면 관중. 꽂히지 않았어도 조각의 무게 3 돈중 이상은, 관중으로 하고, 모자라면 부중.
과녁이 부실하여 쏜 화살이 과녁의 틈을 빠져서 나가면 관중으로 친다.
화살이 높이 날아 과녁 윗턱 치고나가도, 맞히지 못한 것. 화살이 못 미쳐서 바닥에 맞고 튀어서 나가도 과녁에 꽂힌 건 관중이 되지만 튀어나온 것은 부중으로 한다.
화살이 과녁아래 끝을 맞아도 꽂히면 관중 소리만 나면 부중으로 한다.
화살이 부러져서 촉만 박혀도 관중이지만 맞고 튀는 건 부중으로 한다.
그래도 무겁에선 시비가 많아 소리만 나면 맞힌 것으로 정하기도 한다.

획지불림

"각 팀의 성적 따라 장원을 발표 승리한 팀원은, 만세를 부르고. 장원이 된 사람을 가마에 태워 승리 자축하고. 장원의 얼굴에다 숯검댕 묻혀 축하를 하면서, 뒤풀이를 한다. 풍악과 기생들이 있는 편사는 이긴 사정으로. 악공과 기생 보내 이긴 사정이 돌아가는 때에. 정기를 앞세우고 풍악을 울려 승전을 알린다. 기생은 길 군악과 태평곡 불러 득승한 영광과, 쾌활한 기상을, 함양하였도다.

결승이 끝난 후에 주최한 정은 파연의 백반을, 도청으로 들여, 각 정의 주노 되는 사람 청하여 술잔을 권하여, 종일 수고함을 위로를 하였고. 꼴지 한 사정사원 각 정에 대해 자기사정에서 편사를 할 것을. 문채가 나는 말로 인사를 하며 타정에 알리니. 폐정에 왕림하여 오늘 미진함 창서하시기를 바란다고 하면. 각 정은 사절 않고 응낙을 하니 일자를 정하야. 구두로 말하거나 사규를 따라 정에 돌아가서, 각 정에 지일단자 보내는 것도 있을 수 있나니. 이것이 지고 나서 청하는 거라 거절을 못하는, 사풍 이었도다.

파연 술 마신 후에 각 정 사원들 돌아가는 경우. 주최한 사정에서 사원을 선정 인사를 전하면. 각 정의 사원들도 처음과 같이 인사를 하면서. 절하고 돌아와서 각각 헤어져 정으로 갔도다."

제6부

사의와 향음주의

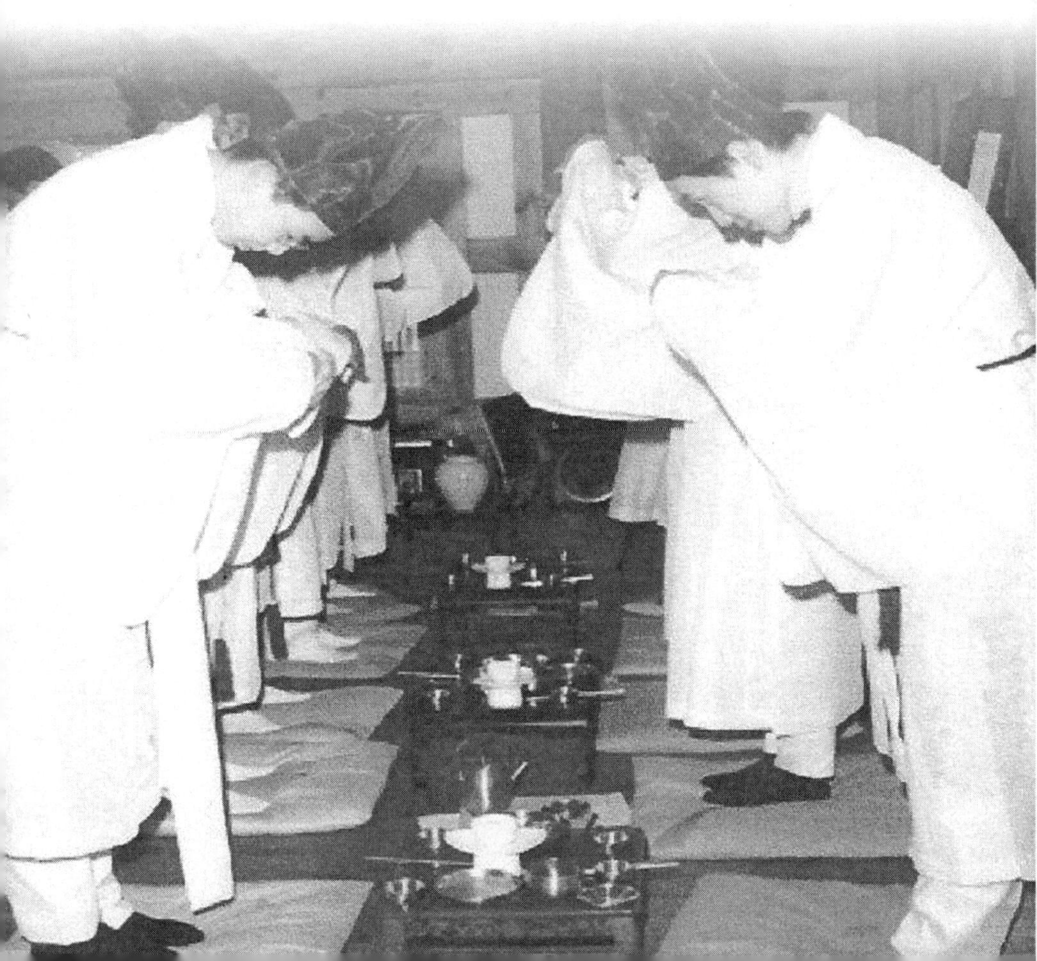

君子引而不發躍如也
中道而立能者從之.
군자는 당기고서 놓지 않으나 도약하는 자세.
정도에 맞게 서면 능력 있는 자 그를 따라한다.

제6부 사의와 향음주의

1. 사의초기(射義 抄記)
2. 향음주의 초기(鄕飮酒義 抄記)

1. 사의 초기(射義 抄記)

옛날의 제후들은 활을 쏠 때는 연례를 하였고.
경대부 활 쏠 때는 향음 주례를 반드시 하였다.
연례라 하는 것은 군신의 의를 밝히는 것이요.
경대부 향음주례 장유의 차례 밝히는 것이다.
활쏘긴 진퇴주선 예의에 맞고 내지가 바르며.
외체가 곧은 후에 궁시 잡아야 견고한 것이다.
궁시를 잡는 것이 견고한 후에 맞힐 수 있으니.
이러한 것으로서 덕행을 보고 절도를 보았다.

천자는 관원들의 갖추어짐을 절도로 삼았고.
제후는 천자모임 참가하는 것 절도로 삼으며.
경대부 법도 따라 움직이는 것 절도로 삼으니
선비는 자기직책 잃지 않는 것 절도로 삼는다.
따라서 절도 따라 덕행이 서면 나라가 편하여.
활쏘긴 사람들의 성덕을 보는 방법이 되었다.

옛날의 천자들은 사례를 통해 인재를 뽑으니.
남자의 일이 되어 예악을 익혀 덕행을 배웠다.
제후는 천자에게 사를 공헌해 사례를 청하면.
천자는 이를 받아 사궁 안에서 사례를 행하고.
용체와 절도 사를 예악에 비교 시험 평가하여.
맞는 게 많은 사람 제사에 참여 기회를 주었다.

제사에 자주가면 경사가 있어 영토를 더하고.

제사에 못가는 자 책망을 받아 땅이 깎인다.
사례는 활을 쏘아 지위 얻으니 제후를 위한 것.
군신이 함께하여 사례를 하고 예악을 익힘은.
제후를 길러내어 군대 안 쓰고 덕을 바로 하는.
도구로 삼았다.

공자가 확상에서 사례를 할 때 사람이 많았다.
자로가 궁시 잡고 앞으로 나가 활쏘기 권하며.
패전한 장수거나 나라를 망친 대부나 후사들.
들어오지 말고, 그 밖의 사람들 들어오라 하니.
떠나는 사람들과 나가는 사람 반반이 되었다.
공망이 치를 들고 다시 말하길 유장의 나이에.
효제를 행하고, 예악이 좋아서, 유속을 멀리해,
제 몸을 수신하며 기다리는 자 있느냐 물었고.
시점이 치를 들고 다시 말하길 배우기 좋아해.
게으르지 않고. 예의를 좋아해 변하지 않으며.
모기의 나이에도 도를 행하여 어지럽지 않아.
찾으려 말을 하니 남아 있는 자 그 수가 적었다.

사라고 하는 것은 역이라 하며 자기 뜻 찾는 것.
아비가 되는 자는 아비의 곡을, 자식은 자식 곡.
임금이 되는 자는 임금의 곡을 신하는 신하 곡.
따라서 활쏘기는 자기의 곡에 화살을 쏘는 것.
사후라 하는 것은 쏘아 맞히면 제후가 되는 것.

남자로 태어나면 뽕나무 활과 쑥대 화살 6개.
천지와 사방으로 쏘아 보내니 남자 일 하는 곳.
활쏘긴 인의 도라 바르게 함을 몸에서 구하고.
바르게 한 다음에 화살을 쏘아 맞히는 것이다.
맞추지 못 하면은 나를 이긴 자 원망하지 않고.
돌이켜 생각하여 자신에게서 구할 따름이다.

군자는 다툴 것이 없는 것이니 굳이 한다하면.
읍양해 올라가고 내려 마시는 활쏘기 정도다.
무엇을 가지고서 쏘는 것이며 무엇을 듣는가.
소리를 따라하고 정곡을 맞춤 그가 오직 현자.
불초한 사람이면 어찌 그 곡을 찾을 수 있는가.
과녁을 쏘아 맞혀 작을 원해서 구하는 것이며.
맞추어 구한 작을 사양하기를 바라는 것이다.
술이란 양로하고 양병을 하니 사양을 하는 건.
자기의 기 돋움을 남에게 주니 군자의 도이다.

2. 향음주의 초기(鄕飮酒義 抄記)

주인이 절을 하며 상문 밖에서 손님을 맞을 때.
세 번을 읍양하여 뜰에 이르니 이것이 예이며.
세 번을 사양하고 오르는 것은 존양하기 때문.
군자가 존양하면 다투지 않고 거만하지 않아.
싸움과 변론하기 멀리 하여서 폭란이 없었다.
도로서 이런 것을 제어하는데 술을 이용하니.
현주가 있는 것은 술의 품질을 귀하게 여기며.
음식과 반찬들은 손을 위하여 동쪽에서 내고.
주인과 씻는 곳을 동쪽에 둠은 섬기는 것이다.

공경을 하는 것은 예라고 하며 성에서 오는 것.
장유를 본받는 게 덕이라 하고 몸에서 얻는다.
예부터 향음주로 예를 배우니 성인들 힘쓰고.
제사를 지내고서 음복하는 건 예 받는 것이며.
예악을 먼저하고 음사하는 건 참여한 사람들.
재물은 비천하고 예는 귀함을 가르치는 방법.
백성이 겸양해져 다투지 않고 탐하지 않는다.

육십이 넘은 자는 당 위에 앉아 향음주를 하고.
그 아래 사람들은 당 아래 서서 예약을 듣는 건.
어른을 존양함을 밝히기 위해 행하는 것이며.
그러한 연후에야 백성이 따라 효제하게 되니.
공자도 시골에서 이것을 보고 왕도를 알았다.

서로가 화락하여 벗 나지 않아 어지럽지 않고.
장자를 존경하여 남김이 없어 문란하지 않다.
손님을 세움으로 세 번 읍하여 하늘을 본받고.
주인을 세움으로 세 번 사양해 땅을 본받으며.
삼빈을 세움으로 서로 공경해 일월을 본받고.
천지를 다스리고 해와 달과 별 삼광으로 하니.
이것이 모든 것이 다스려지는 정교의 도리다.

동방은 봄이 되니 만물을 낳는 삼광이 되는 것.
남방은 여름이니 기르고 키워 인이 되는 거고.
서방은 가을이라 때를 살피니 의를 지키는 것.
북방은 겨울이니 감추는 거라 중이 되는 거다.
예의를 세우는데 사양을 세 번 행하는 것이며.
나라를 세우는데 삼광을 두고 다스리는 거다.
따라서 삼빈이란 정교의 근본 예의의 본이다.

제7부

사정 유람

弭(米)今云 李万弓(つのゆみ)

爾雅弓有緣者謂之弓 無緣者謂之弭 孫炎註日緣者 謂繳束而漆之
李巡日骨飾爾頭日弓 不以骨飾日弭 今之角弓也
按弭小弓今多以鯨鰭作之 唯安干枕頭禦不意寇 耳近頃朝鮮有 李万古者善

---

* 和漢三才圖會卷第二十一

미 이만궁(각궁)

이아에 이르기를 활고자 묶음이 있는 것을 弓이라하고 고자묶음이 없는 것을 弭라고 한다. 손염은 활고자 묶음은 얽어 묵은 후에 옻칠을 한다고 하였고, 이순은 양끝을 뼈로 장식한 것을 궁이라 하고 그렇지 않은 것을 미라고 하는데 지금의 각궁이다.
미는 소궁으로 지금은 고래 지느러미로 만들어 지고 편하게 베갯머리에 두어 불의의 도적을 막는데 사용한 것으로 생각되며, 근래에는 조선에 있는 것으로 들었으며 이만고가 잘 쏜다고 한다.

---

* 櫜鞬은 弓鞬, 筒箇라고도 하며 동개활로 화살을 넣는 통과 활을 넣는 자루를 말하며 말을 타고 전투를 할 때 사용하는 활로 크기는 작으나 만드는 법은 각궁과 유사하다.

제7부 사정 유람

1. 영학정(永鶴亭)
양천팔경

2. 공항정(空港亭)
강서팔경

3. 관악정(冠岳亭)
약수사 잡보장경

4. 황학정(黃鶴亭)
인왕팔경

5. 수락정(水落亭)
수락찬가

6. 석호정(石虎亭)
남산팔경

7. 살곶이정
성동8경

8. 백운정(白雲亭)
백운정 창건기

1. 영학정(永鶴亭)

오목교 역을 나와 양화다리 앞
뚝방길로 드니.
봄에는 벚꽃들이 가을엔 억새
지천으로 피어.
오가는 철새들이 걸음 멈추고
쉬어가는 자리.
청아한 모습으로 강을 지키는
영학정이 있다.
양평벌 벌터에서 시작한 활터
오목내로 옮겨.
선사의 뜻을 이어 어언 30년
사람은 오가도.
꿋꿋이 자리 지켜 전통 이으니
양천 자랑거리.
오늘도 궁사들은 전통을 이어
각궁을 겨루네.

양천팔경

남산의 목멱조돈(木覓朝暾) 해돋이 모습 아리수 비치니.
엄지산 용왕영신(龍王迎新) 해맞이 행사
더욱 빛이 난다.
갈대밭 천호지벌(千戶之筏) 넓은 들판은
도시로 바뀌어.
안양천 이수구면(二水鷗眠) 졸던 갈매기
기지개를 켜네.
계양산 계양낙조(桂陽落照) 멀리 보이니
가던 길 멈추어.
양화진 양강어화(楊江漁火) 고기잡이 배 바라보는 궁사.
뚝방길 상춘앵화(賞春櫻花) 늘어선 벚꽃
벌 나비 부르니.
천변의 백두갈화(白頭葛花) 눈부신 갈 꽃
철새를 부른다.

2. 공항정(空港亭)

화곡동 우장산에 터 잡은 활터
강서인의 자랑.
김포에 있던 정을 옮겨 지으니
이름도 공항정.
기우제 지낼 때는 반드시 비와
붙여진 산 이름.
그 곳에 갈 적에는 우장을 챙겨
비를 맞지 말게.
궁사는 활 잘 쏜다 자랑을 마라
즐비한 명궁들.
북쪽에 있는 산은 鈐頭, 鈐德山,
검둥뫼라 하나.
劍支山 남쪽에는 元堂山, 南山
산 이름도 많다.
김포 벌 화곡 벌을 아우른 명당
명성도 더 높아.
벌말의 한량들이 모여 활 쏘니
풍악소리 높다.

강서팔경

개화산 개화석봉(開花夕烽) 해질녘 봉화 때를 알려주니.
약사사 한산모종(寒山暮鐘) 저녁 종소리
발길이 바쁘다.
행주산 행주귀범(杏州歸帆) 오는 고깃배 달빛 싣고 오니.
공암포 광제바위(廣濟奇巖) 갈꽃 무리들
마중이 바쁘다.
궁산의 양천향교(陽川鄕校) 글 읽는 소리
볏골에 퍼지니.
소악루 악루청풍(岳樓淸風) 해맑은 바람 강물 위를 쓴다.
탑산의 허씨동굴(許氏洞窟) 송림에 숨어.
전설을 만들어.
신월동 호수공원(湖水公園) 수명산 이어
명소가 되었다.

3. 관악정(冠岳亭)

관악산 약수사로 가는 길목에 자리 잡은 활터.
관악산 삼성산과 마주 앉으니 생각나는 성현.
대세지 아미타불 관세음보살 품어 안은 진산.
골마다 암자이고 곡마다 사찰, 염불암, 삼각사.
호암산 정기 받아 날쎈 궁사들 산하 제패하리.

청계산 광교산과 등줄 맞대고 서울을 지키니.
송악산 감악산과 포천 운악산 가평의 화악산.
서울의 주작터에 관악산 더해 경기의 5악산.
꼭대기 갓 모양의 바위가 있어 갓뫼라 하더니.
양재천 안양천의 발원지 되어 西쪽 金剛이네.
정상에 자리잡은 戀主, 龍馬巖 남서에 佛成寺,
북쪽에 自運巖과 서쪽 무너미 三聖山 망월암,
虎壓山, 남쪽에는 염불암 있고 동쪽엔 南泰嶺.
세조가 기우제를 지낸 곳에는 念主巖이 있고,
원효와 의상대사 일,이,삼막중 三幕만 남았다.

약수사 잡보장경

나에게 유리하다 교만치 말고
불리하다고 비굴하지 마라.
무엇을 들었다고 나서지 말고
따지고 살펴 옳을 때 행하라.
위험에 직면하면 두려워 말고
이익을 위해 모함하지 마라.
이기심 채우려고 등지지 말고
앙가픔 하려 화를 내지 마라.
객기를 앞세워서 만용을 말고
사나움 약함 버릴 줄 알아라.
눈처럼 냉정하고 불처럼 타서
정의를 지켜 불의에 맞서라.
남에게 인색하고 베풀 줄 몰라
원망 사거나 따돌리지 말라.
자기가 아는 대로 진실 말하고
듣는 이 모두 편안토록 하라.

4. 황학정(黃鶴亭)

문화재 지정 받은 조선의 유산
국궁의 일 번지.
경희궁 會祥殿 옆 社稷壇 북쪽
세운 연습 射亭.
登科亭 옛 자리에 자리 잡으니
정기를 이었다.

仁王山 동남자락 버티고 서서 호령 하던 자리.
고종의 한 맺힘은 화살이 되어 과녁에 꽂히니.
궁사들 하나같이 용맹 정진해 국궁을 빛낸다.

봄이면 개나리꽃, 가을엔 단풍,
지천으로 널려.
여기가 무릉도원 모두가 신선
궁도를 닦으니.
오방기 펄럭이며 하늘 길 열어
가는 길이 밝달.

인왕팔경

골짜기 백악청운(白岳晴雲) 맑은 구름은
북악에 걸리니.
자하문 자각추월(紫閣秋月) 가을 달빛은
누각을 비추네.
감투암 모암석조(帽巖夕照) 비치는 석양
노을빛도 고아.
인왕산 방산조휘(榜山朝暉) 아침 햇빛은
능선을 안았다.
경복궁 어구수양(御溝垂楊) 늘어진 버들
청풍계에 서니.
사직단 사단노송(社壇老松) 해묵은 노송
사직을 지킨다.
금청교 금교수성(禁橋水聲) 흘러가는 물
시 한수 읊으니.
필운대 운대풍광(雲臺楓光) 물이든 단풍
얼굴 마져 붉네.

---

* 금암 손완근

5. 수락정(水落亭)

노원구 상계동과 양주 별내면 우뚝 선 수락산.
수락의 정기 받아 자리 잡으니 명당중의 명당.
수락정 정자 지어 활터가 되니 기상이 뻗치네.

내원암 계곡 따라 흐르는 물은 혼자 법문하고.
중랑천 발원지는 아리수 너머 소식을 전하니.
한양의 모든 궁사 구름과 같이 모여드는 사궁.

옛 사람 읊은 시는 그림이 되어 또렷이 전하니.
그 위에 덧칠한다 좋아질 것이 하나도 없구나.
현무가 청룡 백호 거느린 자리 영원히 빛나리.

무심한 한량들도 여기에 오면 급제를 하나니.
노원의 남녀노소 모두 모여서 한 판을 벌리니.
봄부터 겨울까지 쉬는 날 없이 명적소리 높다.

수락찬가

양주라 수락산을 예듣고 이제오니
아름답게 솟은 봉(峰)이 구름 속에 장관 일세
청학동(靑鶴洞) 찾아들어 옥류폭(玉流瀑) 다다르니
거울 같은 맑은 물이 수정같이 흘러가고.
푸른 송림(松林) 바윗길을 더듬어 발 옮기니
백운동(白雲洞) 은류폭(銀流瀑) 그림같이 내려쏟고
자운동(紫雲洞) 돌아들어 금류폭(金流瀑) 바라보니
선녀들 내려와서 목욕할 듯 오색서기 영롱하다.
미륵봉의 흰 구름은 하늘가에 실려 있고
향로봉의 맑은 바람 시원하기 짝이 없네.
칠성대 기암괴석 금강산이 무색하고
울긋불긋 고운 단풍 그림인 듯 선경인 듯
내원암(內院庵) 풍경소리 저녁연기 물소리에
불로경 맑은 약수(藥水) 감로수가 이 아닌가
선인봉 영락대에 신선 선녀 놀고 가니
청학(靑鶴) 백학(白鶴) 간 곳 없고 구름만 오가네.

---

* 淨虛居士가 지은 수락찬가를 여기에 싣는다.

6. 석호정(石虎亭)

중구와 용산구에 걸쳐있는 뫼 引慶山 木覓山.
조선조 태조임금 개명을 하니 남산 목멱대왕.
국사당 집을 짓고 산신을 모셔 한양을 지켰다.

고종의 한양공원 왜성대 공원 조선신궁 터라.
역사의 현장에서 볼 것 못 볼 것 다 보고 있으니.
높이는 낮지 마는 명산이 되어 서울을 빛낸다.

호랑이 닮은 바위 발도 없는데 사라진지 오래.
한량의 기백만은 이광을 닮아 바위도 뚫을 듯.
언젠가 바윗돌에 화살을 박아 이름을 날리리.

* 이광 : 중국 명궁의 이름

남산팔경

목멱산 남산숙무(南山宿霧) 구름과 안개
산기슭 머무니.
봄 되면 화란춘성(花爛春盛) 만재한 산꽃
흐드러져 피네.
한강의 수창남강(水漲南江) 넘치는 물길
발 아래 맴돌아.
울창한 영상장송(嶺上長松) 푸른 소나무
위용을 뽐낸다.
유구한 남산성곽(南山城郭) 역사의 현장
한양의 버팀목.
남산의 목멱봉화(木覓烽火) 피어오를 때
저녁놀도 붉다.
광장엔 홍파일색(紅波一色) 붉게 물들어
꽃인지 불인지.
궁 앞의 해치석상(獬豸石像) 화마를 막아
지켜온 조선 땅.

7. 살곶이정

청계천 한강 입구 시근동 남쪽 성수동 가는 길.
풀 버들 무성했던 말 목장 자리 자리를 잡으니.
왕실의 수레와 말 관리를 하는 司僕侍 살곶이.

동북에 아차산과 북쪽 월릉교, 中浪浦, 답십리.
목장성 물 먹이던 웅덩이 자리, 女妓池, 菖蒲池.
태조가 쏜 화살이 꽂혔다 하여 이름 된 箭串坪.

가장 긴 석조다리 이름도 무색 성동교에 뺏겨.
물살이 넘쳐 돌고 흙더미 쌓여 튀어나온 곶이.
매사냥 할 때 마다 새나 화살이 떨어지던 자리.

어살을 설치하여 고기를 잡고 독살을 만드니.
툭 튀어 나온 곳을 곶이라 하고 들어간 곳 구미.
지금도 남아있는 이름 많아도 살곶이는 하나.

성동8경

맑은 물 곡수유상(曲水流觴) 술잔 띄우고
노닐던 강변길.
살곶이 장석판교(長石板橋) 가장 긴 다리
버려진 옛 자리.
골목길 행당심화(杏堂尋花) 살구꽃 구경
발길을 멈춘다.
뚝섬의 독기제사(纛旗祭祀) 올리던 곳은
섬 아닌 섬 되어.
남산의 낙산청운(駱山靑雲) 푸르른 구름
섬에 내려 앉아.
아차산 아차모우(峨嵯募雨) 내리는 비는
산자락 적신다.
청계천 강변세류(江邊細柳) 늘어진 버들
명소로 태어나.
응봉산 산정대월(山亭待月) 정자에 올라
뜨는 달을 본다.

8. 백운정(白雲亭)

조선조 태조대왕 신덕왕후를
모시는 곳 정릉.
정릉의 뒷산 언덕 산마루턱에
건립한 백운정.
반대를 무릅쓰고 세운 건축물
40년을 이어.
국궁의 전통문화 전하려 하다
자리를 잃었다.
세계의 문화유산 등재를 위해
철거당한 정자.
구릉에 다시 세울 약속 마져도
물거품이 되니.
서울의 좁은 땅에 자릴 못 구해
사라진 백운정.
역사의 흐름 속에 어쩔 수 없는
비운의 백운정.
다시는 이런 일이 없어지기를
바라는 한 마음.

백운정 창건기

궁도는 개국 이래 역사에 빛난 국보 유산이요.
선조들 계승해온 유일한 국기 지금에 이어져.
신라의 화랑정신 오늘에 이어 나라 지킨 간성.
명장과 성현들은 궁도를 통해 호국에 앞장서.
청사에 길이 빛날 수많은 전설 역사로 남았다.

한 때는 짐승 잡아 목숨을 잇는 수렵 도구였고.
외적을 물리치고 나라 지키는 국토방위 무기.
충무공 양만춘공 수많은 선열 애국애민 성현.
넋과 얼 면면하게 흘러내려와 우리에 전해져.
세계의 궁도인과 어깨 나란히 나갈 수 있었다.

퇴폐적 인습들과 사회 몰이배 설치는 판국에.
궁도는 쇠퇴하고 나라 어지러 중흥을 위해서.
산수가 빼어난 곳 정릉의 뒷산 강비 모신 자리.
백운대 보이는 곳 자좌 오향에 정을 세워놓고.
백운정 이름하니 오래 이어져 청사에 빛나리.

1969년 9월 28일.

百發而百中, 一鞭而十殪。至於飛鹿殪墜, 是皆弓道之餘奇, 又書講武法曰: "氣必大逸, 心必確固, 夫不梏亡之, 故氣逸; 眼前無畏, 故無憂。知之極明, 操守有素, 故心確; 志定旣久, 違順無動, 故無間。如是然後, 弓道盡矣。"

백 번 발사하여 백 번을 적중하고, 한번 채찍질로 열을 죽이며, 날으는 사슴[飛鹿]을 죽여 떨어뜨려도 이는 모두 궁도(弓道)의 여기(餘技)이며, 또 강무(講武)하는 도(道)를 쓰기를, 기운[氣]은 반드시 크게 편안하고, 마음[心]은 반드시 확고하며, 대저 곡망(梏亡)하지 않는 까닭으로 기운이 편안하고 눈앞에 두려움이 없다. 그러므로 근심이 없고 아는 것이 지극히 밝으며, 조수(操守)함에 근본[素]이 있는 까닭으로 마음이 확정된다. 뜻[志]을 정(定)한지 이미 오래 되어, 순(順)을 어기고 동(動)함이 없는 까닭으로 사이가 없으며, 이와 같이 한 뒤에야 궁도(弓道)를 다 한다.

* 조선왕조실록 세조 14년(1468년)

궁도와 궁술의 말씨름이 끝이 없다. 궁도라는 말을 누가 먼저 사용했느냐를 따지자면 우리가 먼저 일 것이고, 활쏘기를 기술의 수준을 넘어서서 도라는 개념으로 승화시켜 현대 스포츠에 접목한 것은 일본이라고 보는 것이 타당하다고 본다면, 우리의 활쏘기 문화를 전통 무예의 수준에 머물 것이냐 아니면 정신수양의 도구로서 발전시킬 것인가를 먼저 생각할 것이지, 어느 누구도 활쏘기를 도의 개념으로 발전시킬 생각은 하지 않고 입씨름만 하고 있으니 무슨 의미가 있겠는가 하는 생각을 해본다.

정간의 문제도 같은 맥락에서 본다면 숭배의 우상이기 보다는 실천과 행동의 지침으로 가슴에 새겨야 할 것이라는 생각이 든다. 세상의 모든 문제는 사이에서 발생한다. 더욱이 인터넷이 발달한 현대 사회에서는 어떤 관계가 없이는 존재할 수가 없다. 핸드폰이 그렇고 SNS가 그렇다. 사회적 관계라는 것은 먼저 너와 나 사이에서 발생하는 모든 문제를 해결하는 방편에서 출발하며 이러한 관계가 나빠지게 되면 다툼이 생기고 올바른 사회 질서의 유지가 어렵게 된다.

뿐만 아니라 모든 생명체는 사이의 경계선 상에 존재를 한다. 죽음과 생존의 경계선, 있음과 없음의 경계선, 어제와 내일의 경계선, 하늘과 땅의 경계선, 상에 있을 뿐이다. 따라서 사이라고 하는 것은 생명 활동이다. 한편에 지우쳐 버리면 사이의 경계는 없어진다. 다시 말해서 살아있다는 것은 경계선 상에 있다는 것이며 사이에 있는 것이기에 세상의 모든 것과 사이가 좋게 지내는 것이 바로 인 이라고 할 수가 있다.

정간의 말뜻대로 사이가 바르고 좋아진다면 모든 문제는 쉽게 해결이 되고 다툼도 없어질 것이다. 인이라 하는 것도 내 뜻이 타에 미치는 것이며 과일의 씨앗처럼 행위의 핵심으로 자비, 후덕, 은혜, 사랑, 용서, 착함, 어짐 등을 대표하는 말이다. 하늘에 뜬 달은 하나이지만 수많은 강에 비치듯이 나와 남에게 모두 이익이 되는 것이며 내가 싫으면 남에게 하지 않는 수기치인의 자리이기에 공자와 노자의 말씀들을 빌어 올바른 궁도의 길을 열어 나가는데 도움이 되었으면 하는 마음으로 글을 마감한다.

2016년 5월

백 상 봉

백상봉 民調詩集

공자 활을 쏘다

초판 1쇄 _ 2016년 5월 20일
초판 발행 _ 2016년 5월 27일

지은이 _ 백상봉
펴낸이 _ 양상구
펴낸곳 _ 도서출판 채운재
주 소 _ 100-861 서울시 중구 충무로2가 49-8(서울빌딩 202호)
전 화 _ 02-704-3301
팩 스 _ 02-2268-3910
손전화 _ 010-5466-3911
이메일 _ ysg8527@naver.com

ISBN 978-89-93829-07-5
값 20,000원